500만 독자 여러분께
감사드립니다!

세상이 아무리 바쁘게 돌아가더라도
책까지 아무렇게나 빨리 만들 수는 없습니다.

길벗은 독자 여러분이
가장 쉽게, 가장 빨리 배울 수 있는 책을
한 권 한 권 정성을 다해 만들겠습니다.

독자의 1초를 아껴주는
정성을 만나보세요.

미리 책을 읽고 따라해 본 2만 베타테스터 여러분과
무따기 체험단, 길벗스쿨 엄마 2% 기획단,
시나공 평가단, 토익 배틀, 대학생 기자단까지!
믿을 수 있는 책을 함께 만들어주신 독자 여러분께 감사드립니다.

인기 유튜브 크리에이터가 강력 추천하는 '유튜브 영상 편집' 책!

★ ★ ★ ★ ★

웹 무비 프로젝트로 맺어진 인연으로, 소소님의 편집 실력에 확실한 믿음을 갖게 되었습니다. 유튜브 입문자부터 영상 편집을 제대로 배워보고 싶은 사람까지 이 책 한 권이면 해결됩니다. 소소님의 꼼꼼하고 친절한 설명이 듬뿍 담긴 이 책을 강력 추천합니다.

▶ 유튜버 **킴닥스KIMDAX**

1년 넘게 이상커플의 영상을 편집해 준 소소님 덕분에 채널의 분위기도 확 바뀌고, 놀라운 성장을 할 수 있게 되었어요. 이 책과 함께라면 영상 편집 꿀팁뿐 아니라 감성적인 디자인 감각도 배울 수 있을 거예요. 실전에 꼭 필요한 소소님의 편집 노하우를 놓치지 마세요.

▶ 유튜버 **이상커플**

소소하지만 결코 소소하지 않은 영상 편집 꿀팁들이 넘쳐나서 실제 유튜브 채널을 운영하고 있는 저에게 많은 도움이 되었어요. 유튜브의 시작부터 끝까지 함께 하기 좋은 '크리에이터 기본서'로 적극 추천합니다.

▶ 유튜버 **바라던바다**

영상 편집 기술과 유튜브 채널 운영 노하우까지 모두 다 배울 수 있는 책이에요. 유튜브 관련 책 중 딱 한 권만 고르라고 한다면, 저는 망설임 없이 이 책을 선택할 거예요. 영상 기획부터 촬영, 편집, 업로드까지 영상에 관한 궁금함을 모두 해소해 주는 책입니다.

▶ 유튜버 **에이로그**

소소님만의 감성이 듬뿍 담긴 영상 편집 책이에요. 초보자도 쉽게 배울 수 있고, 프리미어 프로의 숨겨진 기능까지 알 수 있어서 너무 좋았어요. 프리미어 프로로 영상 편집 레벨을 업! 하고 싶은 분들에게 추천하는 도서입니다.

▶ 유튜버 **양양다운**

음악을 처음 시작할 때 음표부터 하나하나씩 배워가듯 영상의 첫걸음을 뗀 사람들에게 영상에 대해 차근차근 친절하게 길 안내하듯 알려주는 책. 소소님만의 특기인 아기자기하며, 감각적인 영상 템플릿까지 선물 받을 수 있어요.

▶ 유튜버 용초딩 가수 **제이로직**

영상에 대해 모르는 게 있으면 항상 소소님께 여쭤봤어요. 그 덕분에 영상 PD가 될 수 있었죠. 제 질문에 대한 소소님의 답변은 매번 명쾌했고, 한 번에 쏙쏙 이해되었어요. 따라서 단기간에 영상 편집을 마스터하고 싶다면 주저하지 말고 이 책을 선택하세요.

▶ 메리필름 대표, 유튜버 **메리플린크리스마스**

소소클래스가 알려주는 실전 영상 노하우 덕분에 평범한 주부였던 저도 유튜브 크리에이터라는 꿈에 한 걸음 더 다가설 수 있게 되었어요. 소소쌤처럼 친절하고 상냥한 지침서인 이 책과 함께라면 여러분도 영상 콘텐츠 제작을 아주 쉽고, 빠르게 익힐 수 있을 거예요.

▶ 유튜버 소녀감성주부 **하품**

유튜브 영상 편집+자막 무작정 따라하기
with 프리미어 프로

The Cakewalk Series – YouTube Video Editing+Subtitles with PremierePro

초판 발행 · 2020년 03월 23일
초판 6쇄 발행 · 2021년 12월 6일

지은이 · 김은서
발행인 · 이종원
발행처 · (주)도서출판 길벗
출판사 등록일 · 1990년 12월 24일
주소 · 서울시 마포구 월드컵로 10길 56(서교동)
대표 전화 · 02)332–0931 | **팩스** · 02)323–0586
홈페이지 · www.gilbut.co.kr | **이메일** · gilbut@gilbut.co.kr

기획 및 책임 편집 · 박슬기(sul3560@gilbut.co.kr) | **디자인** · 배진웅 | **제작** · 이준호, 손일순, 이진혁
영업마케팅 · 임태호, 전선하, 차명환 | **영업관리** · 김명자 | **독자지원** · 송혜란, 윤정아, 홍혜진

교정교열 · 안혜희북스 | **전산편집** · 예다움 | **CTP 출력 및 인쇄** · 상지사피앤비 | **제본** · 상지사피앤비

ISBN 979–11–6521–091–5 03000

(길벗 도서번호 007060)

정가 15,000원

독자의 1초를 아껴주는 정성 길벗출판사

길벗 IT실용서, IT/일반 수험서, IT전문서, 경제실용서, 취미실용서, 건강실용서, 자녀교육서
더퀘스트 인문교양서, 비즈니스서
길벗이지톡 어학단행본, 어학수험서
길벗스쿨 국어학습서, 수학학습서, 유아학습서, 어학학습서, 어린이교양서, 교과서

페이스북 | www.facebook.com/gilbutzigy
네이버 포스트 | post.naver.com/gilbutzigy

SOSO Life
_____'s 소소한 오늘 이야기

Thanks to

매일 똑같이 반복되는 일상,
지극히 평범한 시간이더라도
다시는 오지 않을 '지금'을 담아보세요

소소한 하루가 특별한 '오늘'로 기억될 수 있도록
이 책에서 밀착 서포트해 드릴게요.

매일을 여행하는 느낌으로 나의 오늘을 기록해 보세요.
영상을 통해 내 모습을 되돌아보고 나의 설레는 내일을 꿈꿔보아요.

이 책이 나올 수 있도록 도와주시고 응원해 주신 많은 분들에게
깊고 진한 감사의 인사를 전합니다.

2020. 03. 김은서

유튜브홀릭
소소SOSO의 영상 이야기

영상 편집, 저도 독학으로 시작했어요.

약 10년 전 중학생 때 처음으로 영상 편집을 시작했어요. 지금처럼 네이버 지식iN이나 영상 관련 카페가 활성화되기 전이라 밤낮없이 컴퓨터를 끌어안고 '베가스'라는 프로그램으로 혼자 끙끙대며 영상을 만들었던 기억이 납니다. 예전에 만들었던 영상을 지금 다시 찾아보면, 아마추어 느낌이 팍팍 나는 촌스러운 색감에 화질도 엉망이라 부끄러워요. 하지만 그때는 영상 편집에 대한 넘치는 열정으로 이것저것 다양하게 시도해 볼 수 있었던 값진 시기이기도 합니다.

개인적인 사정으로 고등학교를 자퇴한 후 다른 친구들이 공부하는 시간에 인테리어에 관심이 있었던 저는 컴퓨터학원을 등록해 포토샵, 일러스트, 3D 프로그램 등의 수업을 들었어요. 그런데 학원에서 여러 사람들과 함께 배우는 예제는 나를 위한 예제가 아니다 보니 재미가 없었어요. 그래서 내가 살고 싶은 집, 내가 머무를 공간을 직접 인테리어해 보고, 영상으로도 만들어 보기 시작했죠. 그렇게 영상에 대한 흥미가 생기면서 검정고시를 본 후 예술대학 디지털아트 전공으로 입학하게 되었어요. 설치예술, 게임, 영상 등의 다양한 분야를 배우다 보니 예전처럼 영상에만 집중하지는 못했지만, 광고/방송/영화과 등의 타 전공 수업이나 동아리 활동 등에서 다양한 영상을 만들어 볼 기회를 갖게 되었답니다. 영상 편집 프로그램이 다루기 어렵다는 생각보다 영상이 너무 재미있다는 생각뿐이었어요. 시간 가는 줄 모르고 몇 날 며칠을 영상에만 매달린 적도 있었을 정도로요.

하지만 영상 편집 작업이 쉽지만은 않았어요. 영상 편집은 생각보다 많은 시간을 투자해야 하는 끈기가 필요한 작업이기 때문에 내가 무슨 영상을 왜 만들고 싶은지 분명한 목표가 필요했어요. 지금 막 영상 편집에 도전하려는 분들도 꼭 기억하세요. 항상 시작이 중요하며, 조금 익숙해졌다고 영상 만들기를 중단하면 안 된다는 것을요. 프로그램과 친숙해질 때까지 조금은 지루하더라도 반복해서 편집 작업을 하다 보면 나도 모르는 사이에 실력이 향상될 테니까요.

적어도 제가 누군지 알아야 '믿고 배울' 수 있지 않을까요? 영상과 함께한 10여 년의 이야기를 이제 시작해 볼게요.

퇴사, 그리고 영상 편집 프리랜서로의 현재의 삶 ing

저는 남들보다 조금 일찍 대학에 입학했고, 덕분에 취업도 빨랐어요. 따라서 나이에 비해 비교적 긴 사회경험을 갖고 있어요. 주로 영화나 광고 영상을 만드는 포스트 프로덕션에서 근무했는데, 그 당시 광고 영상은 '영상 매체의 최전선'이라고 부를 만큼 시대의 흐름에 민감했어요. 그리고 이것을 영상에 고스란히 반영해야 했기 때문에 영상 제작부터 영상미와 디자인까지 다양한 경험을 해 보면서 영상에 대한 실력과 안목도 점점 높아질 수 있었어요.

현재 저는 퇴사한지 2년 차 프리랜서입니다. 영상을 다루는 직업 특성상 밤과 낮, 주중과 주말의 구분 없이 일하면서 퇴사에 대한 생각이 간절해졌어요. 밤새 고생하며 만들었던 영상이 텔레비전에 나오면 그동안의 고생이 다 잊혀질 만큼 뿌듯했지만, '한 번뿐인 인생인데 이렇게 살긴 너무 아깝다. 딱 1년만 쉬어보자. 대신 모아놓은 돈을 다 쓰고, 퇴직금까지 손대게 된다면 다시 취업하는 걸로!'라는 나만의 목표를 갖고 퇴사를 했어요. 함께 일했던 좋은 사람들과 일을 생각하면 아쉬움이 많이 남는 퇴사였지만, 저는 아직까지 반백수 생활 중이랍니다. (아직 퇴직금을 한 푼도 건들이지 않았기 때문이죠.) 제가 가장 좋아하는 영상을 취미이자, 일로써 누리면서 말이에요.

이제 '영상 편집 강의'는 제 일이 되었고, 유튜브는 취미로 즐기고 있어요. 아직 구독자 수도 많지 않은 새싹 유튜버이기에 저 역시 여러 영상을 보면서 영감을 얻고 쑥쑥 커가고 있어요. 다만 제가 광고업계에서 이리저리 부딪혀가며 배웠던 영상 편집 노하우, 디자인 감각과 센스를 초보 영상 편집자도 단기간에 편집에 재미를 붙일 수 있도록 세상에서 제일 쉬운 설명으로 친절하게 알려주고 싶어요.

그러니 영상 편집을 배워볼까 말까 고민하지 마세요. 저처럼 제2의 직업이 될 수도 있고, 단조로운 일상 속 사소한 행복을 주는 소소한 취미가 될 수도 있으니까요.

소소와 함께하는 영상 편집, 시작해 볼까요?

유튜브 영상 편집+자막
무작정 따라하기 사용설명서

STEP 1 최적의 사용 환경 체크하기

프리미어 프로는 결코 쉽지 않아요. 단호하게 말하자면 결코 단기간에 익숙해질 수 없는 프로그램이어서 많은 사람들이 중도에 포기하고 말죠. 따라서 절대 포기하지 않고, 끝까지 '소소'와 함께할 수 있는 최선의 방법을 제시합니다.

■ **필수 준비물 세팅!**
영상 촬영에 필요한 장비부터 편집에 필요한 프로그램 설치까지 빈틈없이 준비해 봐요.

■ **영상 편집, 휘리릭 완성!**
초보자가 꼭 알아야 할 내용만 쏙쏙 뽑아 나만의 영상을 만들어 볼게요. 완벽하지 않아도 괜찮아요!

혼자하면 어렵지만 '소소'와 함께하면 쉽고 재밌답니다. 자, 이제 유튜브 동영상 편집으로 한 걸음씩 나아가 볼까요?

■ 영상 스킬 파워업

기본 기능을 익혔다면, 이제 금손이 되어 볼까요? 몇 번만 클릭해도 훨씬 업그레이드된 전문가 느낌의 영상을 만들 수 있어요.

■ 이제 나도 유튜버!

유튜브에 나만의 공간을 만들어 촬영하고 편집한 영상을 올려보세요. 소소한 나의 일상으로 수익까지 창출해 볼 수 있다면 매우 뿌듯하겠죠?

■ 척척 해결! QnA 부록

영상 편집 강의를 하면서 가장 많이 받았던 질문에 대한 답을 모두 모았어요. 카테고리별로 잘 정리되어 있어 문제가 생길 때마다 바로 딱 찾아 해결하세요.

■ 기타 영상 프로그램 소개

프리미어 프로 외에도 영상 편집을 할 수 있는 다양한 유료와 무료 프로그램이 있어요. 컴퓨터용, 스마트폰용으로 나눠서 알려줄게요.

STEP 2 '소소'의 선물 보따리

영상을 편집하다 보면 다양한 템플릿과 배경 음악, 효과음 등이 필요하지만, 저작권 때문에 사용하는 데 제약이 너무 많죠. 따라서 저작권 걱정 없이 쓸 수 있는 템플릿과 배경 음악, 효과음을 소소가 선물해 드릴게요. 아래의 QR 코드만 딱 찍으면 선물을 받을 수 있어요. 받은 선물은 관련 페이지를 참고하여 활용해 보세요.

콘텐츠 기획안 콘티 양식

관련 페이지 35쪽

무료 효과음 & 배경 음악

관련 페이지 134쪽

무료 영상 소스

관련 페이지 140쪽

자체 제작 자막 템플릿

관련 페이지 127쪽

채널아트 템플릿 (프리미어)

관련 페이지 183쪽

'소소'한 배움, '커다란' 성취감

'소소'의 선물 보따리는 예능 자막이나 영화 연출 효과처럼 형형색색의 화려한 효과는 아니지만 독자분들의 취향대로 자유롭게 변경하기 좋은 영상 소스와 자막들을 준비해 보았어요. 템플릿에 사용된 글꼴은 네이버 나눔글꼴 전체 패키지를 활용했어요. 개인, 상업적 용도 모두 무료 사용 가능하니 우선 네이버에서 『나눔글꼴』을 검색해 글꼴을 다운로드하세요.

> * '소소'의 선물 보따리는 길벗출판사 홈페이지(www.gilbut.co.kr)의 『유튜브 영상 편집+자막 무작정 따라하기』 도서 자료실에서도 다운로드할 수 있어요.
>
> * 영상 편집 초보자라면 '소소'의 선물 보따리를 당장 사용하기에는 어려울 수 있어요 책의 PART 04까지 빠르게 실습해 본 후 선물 보따리를 풀어보세요. 또한 필자의 사용 설명 영상(QR 코드)을 참고해도 좋습니다.

도움 영상 QR

채널아트 템플릿

[다운로드 및 사용 방법]

❶ [소소한선물_채널아트템플릿.proj] 프로젝트 파일을 실행하세요(프리미어 프로 2019, 2020 버전 제공).

❷ [Timeline] 패널에서 원하는 디자인의 채널아트를 골라보세요.

❸ [Window]-[Essential Graphics] 메뉴를 선택해 패널을 꺼내주세요(관련 페이지 128쪽).

❹ [Timeline] 패널의 트랙에서 변경하고 싶은 클립을 선택하고, [Essential Graphics] 패널의 [Edit] 탭에서 내 채널에 맞는 색깔과 문구로 수정해 보세요.

❺ 설정을 끝냈다면 [Program] 패널의 [Export Frame](📷)을 클릭해 이름, 파일 형식, 저장 경로를 지정하고 [OK]를 클릭해 이미지를 저장하세요.

❻ 유튜브의 내 채널에서 채널 맞춤 설정에 해당 이미지를 추가하면 채널 아트가 완성됩니다.

자막 템플릿

[다운로드 및 사용 방법]

❶ [Window]-[Essential Graphics] 메뉴를 선택해 [Essential Graphics] 패널 하단에서 원하는 자막 템플릿을 불러오세요. 최초 한 번만 불러오면 컴퓨터를 초기화하지 않는 한 항상 저장되어 있어요. 또한 ★를 클릭해 즐겨찾기에 추가해 두면 쉽게 찾을 수 있어요.

❷ 불러온 템플릿을 [Timeline] 패널로 드래그하여 원하는 영상 위 트랙에 배치하세요.

❸ 자막 클립을 선택한 상태에서 [Essential Graphics] 패널-[Edit]에서 글꼴, 색상 등의 설정을 바꿔 내 스타일대로 꾸며 보세요. 애니메이션이 포함된 자막은 문구가 변경되어도 애니메이션 효과는 그대로 적용돼요.

영상 소스 &배경 음악 및 효과음 템플릿

[다운로드 및 사용 방법]

[Timeline] 패널의 영상 위 트랙에 넣고 [Effect Controls] 패널에서 원하는 크기나 위치로 변경하여 사용해 보세요.

STEP 3 '소소'와 함께하는 공간

필자는 영상을 만드는 사람, 유튜버를 위한 네이버카페를 지인들과 함께 운영하고 있어요. 이 공간에서는 유튜브 및 프리미어 프로에 대한 궁금한 점에 대해 묻고 답하며, 여러 사람들과 소통하면서 영상과 관련된 다양한 소식을 들을 수 있어요. '소소'의 열린 공간에서 비슷한 목적을 가진 사람들이 서로 공감하며, 함께 성장해 나가는 재미를 느껴보세요.

■ 네이버카페 유튜브홀릭(https://cafe.naver.com/vixx)

- ■ **채널소개 게시판 :** 정성스럽게 만든 내 채널을 소개해 보세요. 다양한 장르의 유튜브 채널을 운영하고 있는 사람들과 만나며 예상치 못한 즐거움을 느낄 수 있어요!

- ■ **TIP, QnA 게시판 :** 궁금한 내용을 TIP 유튜브, TIP 프리미어 게시판에서 찾아보세요. 영상으로 배워볼 수도 있고, QnA 게시판을 통해 질문&답변을 받을 수도 있어요. 함께 운영하고 있는 사람들이나 필자의 도움을 받아보세요.

- ■ **미션제출 게시판 :** 소소클래스 영상 편집 수업을 하면서 미션을 제출하고 피드백을 주고받을 수 있어요. 유튜브에서 인기 있는 수준 높은 콘텐츠만 보면서 좌절하기보다 이제 막 시작한 병아리 유튜버들의 영상을 보며 같이 공부하고 서로 격려해 보세요.

- ◆ **그 밖의 소통 공간 :** 소소의 일상생활을 기록하는 다양한 공간에 놀러오세요. 여행, 취미부터 디지털 노마드 영상 편집자의 별것 아닌 하루 일과까지 소소의 모든 이야기가 담겨 있어요. 이곳에서도 영상에 대한 영감을 얻을 수 있답니다.

ⓘ dear.sosoday   Blog blog.sosoclass.com   ▷ sosotoday

STEP 4 '길벗출판사'의 독자 지원

길벗출판사에서 운영하는 홈페이지(www.gilbut.co.kr)에서는 출간한 도서에 대한 정보뿐 아니라 실습 파일 및 동영상 등 학습에 필요한 자료도 제공하고 있어요. 또한 책을 읽다 모르는 내용이 있다면 언제든지 홈페이지의 도서 게시판에 문의를 남겨주세요. 독자 A/S 전담팀과 저자가 신속하고 정확하게 질문을 해결해 드릴게요.

길벗출판사 홈페이지에 접속한 후 검색 창에 『유튜브 영상 편집+자막 무작정 따라하기』를 입력해 해당 도서 페이지로 이동하세요. 홈페이지 화면의 오른쪽에 보이는 퀵 메뉴를 이용하면 도서 및 동영상 강좌 문의를 빠르게 할 수 있어요.

❶ **자료실** : 실습에 필요한 예제 파일 및 영상 자료 등을 제공합니다. 홈페이지 회원으로 가입하지 않아도 누구나 도서 자료를 다운로드할 수 있어요.

❷ **빠른조회** : 길벗에서 보낸 메시지, 최근 이용 자료, 문의/답변 등 내 계정과 관련된 알림을 빠르게 확인해 볼 수 있어요. 해당 메뉴는 홈페이지에 로그인한 상태에서만 이용할 수 있어요.

❸ **도서문의** : 책을 보다 모르는 내용이 나오거나 오류를 발견한 경우 해당 메뉴를 클릭해 문의 내용을 입력해 주세요. 꼭 로그인한 상태로 문의해 주세요.

❹ **구매 도서 인증, 독자의견** : 구입한 도서의 ISBN 부가 기호를 입력하여 구입을 인증하면 독자 의견을 등록할 수 있어요.

❺ **최근 본 도서** : 홈페이지에서 찾아본 도서를 최근 순서대로 보여줍니다.

영상을 이제 막 시작한 초보자부터 전문가의 영상 노하우가 궁금한 사용자까지
영상을 즐겁고 재밌게 편집할 수 있는 다양한 방법을 알려줄게요.

PART 03

What
유튜브 영상, 무엇으로 편집해야 할까요?

Basic

프리미어 프로 기초, 영상 편집 가볍게 끝내기

Upgrade
프리미어 프로, 금손으로 뚝딱 업그레이드하기

PART 05

PART 06

YouTube
나도 유튜브 크리에이터!

특별부록 01

Q&A
프리미어 프로 Q&A, 무엇이든지 물어보세요!

소리 Q&A

기타 Q&A

Editing Program
기타 영상 편집 프로그램을 소개합니다!

특별부록 02

컴퓨터용 영상 편집 프로그램

스마트폰용 영상 편집 앱 프로그램

Why

영상, 왜 만들고 싶은가요?

영상을 만드는 데
'이유'가 필요해요?

영상 편집을 시작하려는 분들에게 제가 '꼭' 물어보는 질문이 있어요!

"왜 영상을 만들고 싶은가요?"

이러한 질문을 하는 이유는 '영상 편집'이 생각처럼 쉬운 작업이 아니기 때문입니다. 영상을 제작하는 일은 작업 시간이 오래 걸리기 때문에 쉽게 지쳐서 금방 포기하고 싶기 때문이죠. 특히 유튜브를 취미로 시작하는 경우에는 해도 그만, 안 해도 그만이라고 생각하기 때문에 조금이라도 어려워지면 영상 편집에 흥미를 잃고 채널 운영을 포기해 버리죠. 그래서 확실한 목표와 목적이 없다면 영상 편집은 지루하기만 하고 재미없는 작업이 될 거예요. 자, 이제부터 소소SOSO와 함께 내가 왜 영상을 만들고 싶은지 찬찬히 이유를 생각해 보아요.

'소소SOSO'가 영상을 만드는 이유

필자는 유튜브에 '소소SOSO'(www.youtube.com/sosotoday)라는 채널을 운영하면서 '여행 같은 일상', '일상 같은 여행'이라는 주제로, 심심하고 단조로운 일상 속의 소소한 취미부터, 낯선 곳으로의 여행과 같은 특별한 하루까지 영상으로 만들어 기록해 두고 있어요.

필자처럼 운영하는 유튜브 채널을 '브이로그(VLOG)'라고 부릅니다. 이것은 '비디오(video)'와 '블로그(blog)'의 합성어로, 자신의 일상을 동영상으로 촬영하여 기록하는 영상 콘텐츠를 말해요. 이처럼 영상을 만드는 목적이나 목표가 거창할 필요는 없어요. 매일 쓰는 일기처럼 영상을 꾸준하고 즐겁게 작업할 수 있다면 이유가 무엇이든 괜찮답니다.

현재 엄청나게 많은 구독자와 조회 수로 인기 있는 유튜브 채널들도 모두 처음부터 뚜렷한 목표나 목적을 갖고 시작하지는 않았을 거예요. 필자처럼 가족과의 즐거웠던 여행을 남기기 위해, 사랑스러운 우리 아이의 모습을 기록하기 위한 소소한 이유로 영상을 만들지 않았을까요?

별것 아닌 것 같았던 나만의 소소한 영상이 점차 많은 사람들의 공감을 얻어 유튜브 채널이 쑥쑥 성장한다면 얼마나 기쁠까요? 조금만 기다려주세요. 내 마음에 쏙 들면서 다른 사람들의 눈에도 예뻐 보일 수 있는 다양한 영상 편집 방법을 자세하고 친절하게 알려드릴게요.

잠깐만요 **유튜브 속 '소소SOSO' 채널로 초대합니다!**

'소소한 오늘 이야기'라는 모토로 유튜브에서 운영 중인 필자의 채널이에요. 매일 일기를 쓰듯 나만의 일상을 영상으로 남기고 있어요. 특별할 것 없는 나만의 공간이기 때문에 구독자 수나 조회 수에 연연하지 않고 자유롭게 채워가고 있어요. 물론 필자의 콘텐츠를 좋아하고 궁금해서 유튜브에 찾아오는 구독자들이 많이 늘어나면 더욱 좋겠지만요.

▲ '소소SOSO'의 유튜브 채널(www.youtube.com/sosotoday)

02

영상을 만들고 싶은 이유,
이렇게 찾아보세요!

영상을 왜 만들고 싶은지, 유튜브를 왜 시작하고 싶은지, 또 어떤 영상을 올리고 싶은지 아직 잘 모르겠다면 가장 최근에 시청했던 유튜브 영상이나 구독중인 유튜브 채널이 무엇인지 살펴보세요. 재생 목록을 쭉 살펴보면 내가 무엇을 좋아하고 어떤 것에 관심이 있는지 알 수 있어요. 영상 만들기는 바로여기서부터 시작된답니다. 물론 영상 편집은 초보자이기 때문에 아직은 서툴고 어려울 거예요. 따라서 영상을 편집하는 시간 자체를 즐길 수 있는 콘텐츠부터 찾아보세요.

구독 중인 채널에 답이 있다!

우선 필자가 자주 보는 유튜브 채널부터 소개해 볼게요. 필자는 본인의 일상을 소개하는 브이로그 채널을 중심으로 구독하고 있어요. 여러분도 필자처럼 구독중인 유튜브 채널 리스트를 정리해 보면 나를 행복하게 해 주는 영상이 무엇인지, 내가 영상을 만들고 싶은 이유가 무엇인지 쉽게 찾을 수 있을 거예요.

1 살림·육아 채널 : 해그린달haegreendal

아이와 함께하는 잔잔하고 평범한 엄마의 일상을 영상으로 담아내는 채널이에요. 따뜻함이 가득 담긴 감성 콘텐츠로, 마음을 위로받고 싶을 때 자주 보게 돼요.

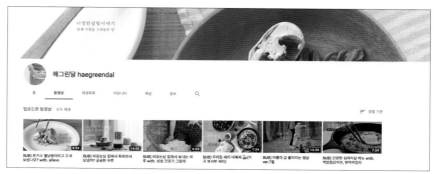

▲ '해그린달haegreendal' 유튜브 채널

▲ '해그린달haegreendal' 유튜브 채널 영상 중 일부

② 뷰티 채널 : KIMDAX킴닥스

얼마 전까지는 대학생이었지만, 현재는 영화감독 겸 뷰티크리에이터이자, 킴닥스
스튜디오의 CEO로 활동하고 있어요. 영상마다 눈길을 끄는 탄탄한 기획력이 인상
적인데, 필자는 특히 '한 주 한 컵'이라는 주제의 일상 영상을 제일 좋아해요.

TIP

KIMDAX킴닥스는 곧 출시
예정인 '재믹서'라는 영상
편집 프로그램 제작에도
참여했는데, 219쪽에서 소
개할게요.

▲ 'KIMDAX킴닥스' 유튜브 채널

제1세대 브이로그 유튜버로, 평범한 일상을 세밀하게 담아내어 한 편의 영화 '리틀 포레스트(Little Forest)'를 보는 듯한 느낌을 받을 수 있어요. 영상마다 기록된 정성스러운 손글씨와 아기자기한 그림 때문에 저절로 미소가 지어지는 채널이죠.

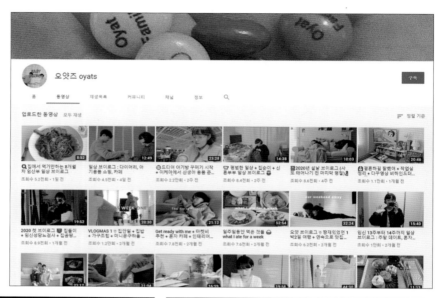

▲ '오얏즈oyats' 유튜브 채널

4 자기계발 채널 : 이상커플의 이상적인 라이프Isangcouple

이상적인 삶을 돕기 위해 노력한다는 모토가 담긴 채널이에요. 덕분에 필자의 삶을 되돌아보게 되었고, 긍정적인 영향을 끼쳐 필자에게 큰 터닝 포인트를 만들어 준 유튜버입니다. '내'가 주체가 되는 행복한 삶이란 무엇인지 깨닫게 해 주는 영상으로 가득차 있어요.

▲ '이상커플의 이상적인 라이프Isangcouple' 유튜브 채널

How

유튜브 영상,
어떻게 시작해야 할까요?

기획,
하지 마세요!

필자는 '소소클래스'라는 영상 관련 강의를 통해 영상을 직접 편집 및 제작하고 싶어 하는 사람들을 많이 만날 수 있었어요. 자신의 가장 젊은 날을 영상으로 기록하고 싶다는 20대 꿈 많은 학생부터 늦둥이의 귀여운 모습을 영상으로 담고 싶다는 40대 부부, 사업 확장을 위해 홍보 영상 제작을 배워보고 싶다는 CEO, 유튜브 크리에이터가 꿈인 초등학생까지 다양한 연령대의 학생들을 가르치면서 공통적으로 받은 질문은 "유튜브를 위한 영상 촬영과 편집을 하고 싶은데, 기획이 꼭 필요할까요?"였어요.

네! 기획, 당연히 필요해요. 드라마와 영화, 심지어 리얼리티 예능에도 짜여진 대본이 있듯이 여러분의 콘텐츠에도 기획이 필요하죠. 하지만 도대체 기획이란 걸 어떻게 해야 하는지 갈피가 잡히지 않는다면 '기획에 대한 생각은 조금 미뤄두는 건 어떨까요?'라고 과감하게 제안합니다. 영상을 만져보기도 전에 기획부터 탄탄하게 해야 한다는 압박감으로, 정작 영상 편집은 시작조차 못한 채 영상에 대한 열정과 설렘이 와르르 무너질지도 모르기 때문이죠. 우선 '기획'이라는 숙제는 잠시 잊고 영상부터 만들어 보세요. 영상이 어떻게 만들어지는지 제작 편집 과정을 한 번 훑어보고 나면 기획에 대한 아이디어도 샘솟을 수 있으니까요.

1 일단 부딪혀 보자!

영상 만들기는 크게 '기획', '촬영', '편집', '업로드'의 4단계 과정으로 이루어져 있어서 당연히 순서대로 작업을 진행해야 하는 것이 맞아요. 따라서 기획을 건너뛰고, 촬영과 편집부터 작업하다 보면 '기획'이 굉장히 중요한 단계라는 사실을 깨닫게 되죠. 하지만 '기획을 하지 말라!'고 단호하게 주장하는 이유는 이 책을 보는 대부분의 독자들이 이제 막 영상 편집의 첫걸음을 뗐을 거라고 생각하기 때문이에요.

이 책은 촬영과 편집을 전혀 해 보지 않은 분, 스마트폰 앱으로만 영상 편집을 하다가 기능의 한계에 갈증을 느끼는 분, 영상 편집을 시작했지만 너무 어려워 포기하고 싶은 분들의 눈높이에서 집필했어요. 그래서 영상 편집의 모든 것이 '다 어렵다'고 느껴지는 분들에게는 일단 무작정 따라해 보면서 '아, 이렇게 편집하다 보면 지루한 부분을 조금씩 줄일 수 있겠구나!', '오, 이렇게 촬영을 하니까 굉장히 예쁘게 찍히는데, 이런 방법으로 작업하니 편집 시간이 오래 걸리네.' '이런 부분은 미리 계획했더라면 시간과 비용을 훨씬 절감할 수 있었을 텐데……'와 같이 직접 경험해 보면서 알아가는 것이 더욱 쉽게 이해될 거예요. 따라서 기획에 대한 짐은 일단 편하게 내려놓고 촬영부터 같이 해 봐요. 그러면 기획은 저절로 따라올 테니 걱정 마세요!

2 촬영의 시작, 기록!

영상을 편집하려면 무언가를 촬영한 결과물이 필요해요. 만약 여행의 여정을 영상으로 만들고 싶다면 여행지에서 걷는 모습이 필요하고, 일출과 일몰을 영상으로 만들어서 편집하고 싶다면 일출 시간과 일출 명소에 대한 정보를 알고 있어야 해요.

제일 먼저 촬영에 필요한 세세한 정보를 기록해 보세요. 머릿속에 떠오르는 것들을 종이에 적어놓거나 스마트폰의 메모 앱 등에 모두 기록해 두세요. 그리고 기록한 목록 중에서 촬영을 마친 것들은 하나씩 지워보세요. 별것 아닌 듯 소소해 보이는 작업이지만, 이렇게 기록한 촬영 목록이 기획의 시작이 되고, 편집의 뼈대가 된답니다.

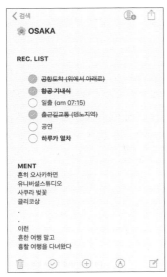

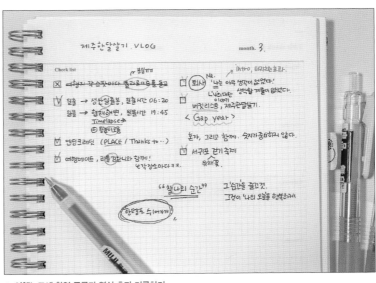

▲ 스마트폰 메모 앱으로 촬영 목록 기록하기   ▲ 여행노트에 촬영 목록과 영상 효과 기록하기

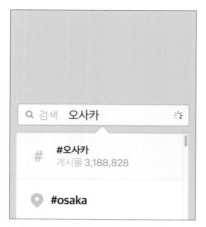

▲ 스마트폰에 메모하듯 기획한 영상 최종본

'오얏즈oyats'의 촬영 기록 예

아기자기한 손글씨가 돋보이는 채널처럼 '오얏즈'는 촬영할 영상 목록을 직접 손글씨로 기록하고 있어요. 촬영일과 편집일, 업로드와 같이 중요한 항목을 적고, 영상의 전체적인 느낌과 연출 아이디어까지 기록해 보세요. 촬영에 필요한 정보를 꼼꼼하게 정리하다 보면 '나만의 영상 기획안'이 완성될 거예요.

전체적인 촬영 준비 과정을 적어 보았다면, 매주 해야 할 To Do List를 적고, 일정을 지키도록 합니다. 아직은 유튜브에 영상을 하나도 올리지 못한 초보자라 먼 훗날의 이야기처럼 들릴 수 있지만, 이후 내 채널을 좋아해 주고 영상을 기다리는 구독자들과의 약속을 위해 업로드 일정은 꼭 잊지 말고 지켜주세요!

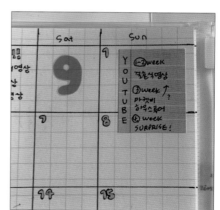

▲ 손글씨로 촬영 준비 과정과 일정 기록하기

③ 나만의 기획안 만들기

우리가 편집할 영상이 누군가에게 컨펌을 받아야 하는 프로젝트가 아니라면 '기획'에 대한 부담은 확 내려놓으세요. 그저 내가 좋아서 하는 일이니까요.

기획은 거창한 일이 아니예요. 31쪽에서 보여준 예시처럼 촬영에 필요한 모든 것들을 기록해 보는 작업도 기획의 일부가 될 수 있어요. 사람마다 촬영 스타일과 만드는 영상의 콘셉트가 다르기 때문에 기획안도 모두 다른 형식으로 작성할 수밖에 없어요. 따라서 촬영과 편집을 여러 번 반복해 보면서 '나만의 기획 방식'을 찾아야 합니다. 아직 기획에 대한 감이 잘 잡히지 않는다면, 다음에서 소개하는 크리에이터들의 기획안을 참고하여 기획안을 만들어 보아도 좋아요.

'이상커플의 이상적인 라이프sangcouple'의 기획 예

❶ 좋은 주제가 생각날 때마다 네이버 메모 혹은 카카오톡 메시지로 기록해요. ❷ 주제가 확실해지면 메모장에 기록할 때 꼭 제목을 함께 써요. ❸ 제목이 쓰여 있는 메모 중 만들고 싶은 주제를 골라 스토리를 만들어 봐요. ❹ 처음에는 개요를 작성하고, 브레인스토밍을 통해 키워드나 예시를 적어 봐요. 마지막으로 스크립트를 작성하고, 소리 내어 읽어보면서 어색하지 않은지 점검해 봐요.

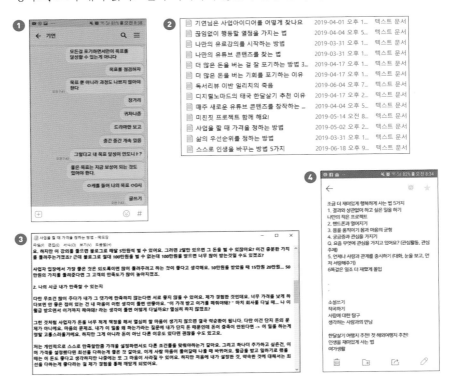

'바라던 바다BADACHANNEL' 기획 예

어떤 영상을 찍을 것인지, 촬영은 언제 하고, 영상은 언제 업로드할지 일정표에 기록하는 것도 기획의 중요한 요소에요. 언제든지 일정을 수정할 수 있도록 스마트폰 혹은 태블릿에 내장된 스케줄러 앱을 사용하면 좋아요. 또 유튜브 채널 아이콘과 아트에 쓰일 로고 작업도 영상 기획 중 일부랍니다. 로고는 자신이 기획한 영상의 성격을 제일 먼저 보여줄 수 있기 때문이죠.

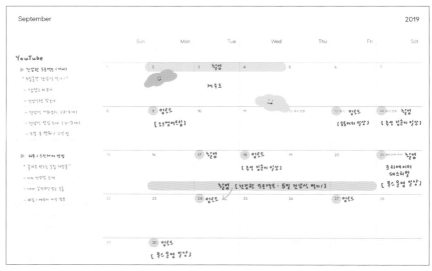

▲ 영상 일정 기록하고 채널 컬러와 로고 작업하기

그리고 기획 형식과 방법도 다 제각각이에요. 이것은 앞에서 이야기한 것처럼 '기획'에는 정답이 없기 때문이죠. 그래도 기획이 어렵다면, 필자가 여러분을 위해 만들어 놓은 '나만의 기획안' 양식의 문항들을 하나씩 채워가면서 어떤 영상을 촬영하고 편집하고 싶은지 생각해 보세요.

– 나만의 기획안 –

영상 제목	갈 때마다 찾는 곳! 감성뿜뿜 제주 카페 맛집ㅣ제주여행VLOG		
키워드	#제주여행 #여행브이로그#–	타깃	제주여행 계획중인 사람들
업로드 날짜	2020.2.22. SAT	영상 길이	8분 내외
촬영 날짜			
촬영 목록	07:45 성산일출봉	영상 앞 단계에 쓰일 일출 영상, 광치기해변에서 바라보는 뷰	
	카페 브리프	메뉴 주문 필수! ⟶ 앙버터 키트 촬영	
	카페 미남미녀	종달리에서 서귀포시로 이사, 지도 꼭 체크할 것!	
	카페 플레이스엉물	탁 트인 감성적인 공간, feat. 귀여운 마스코트 하늘이!	
	아르보	연동 맛집, 아보베네딕트 브런치, 예쁜 음료	
	제주 모이소	공항 근처 감성가득 기념품숍	
메모			

02

그냥 눌러봐요,
'REC' 녹화 버튼!

이제 기획에 대한 부담도 내려 놓았으니 편집 걱정은 접어두고 촬영부터 해 봐요! 아, 참! 준비물이 필요해요. 바로 '카메라'입니다. DSLR이나 미러리스, 디카, 스마트폰 등 촬영이 가능한 기기라면 모두 다 좋아요. 자, 그럼 버튼을 눌러볼까요? '찰칵' 소리가 나는 사진 촬영 버튼이 아니라 영상 녹화 버튼인 'REC'를요!

1 무엇을 촬영할까?

제 강의를 듣는 분들 중에는 유튜브로 수익을 얻고 싶어서 구독자와 조회 수를 빠르게 늘릴 수 있는 콘텐츠가 무엇인지 묻는 분들이 종종 있어요. 하지만 돈이 되는 콘텐츠만 쫓아 영상을 만든다면 원하는 결과가 나오지 않았을 때 금세 영상에 대한 흥미를 잃고 포기하기 쉬워요. 물론 다른 사람들에게 필요한 콘텐츠를 제작한다면, 조회 수와 구독자 수도 빨리 늘고 수익도 창출될 겁니다. 하지만 이제 막 첫걸음을 뗀 초보자라면 다른 사람의 취향보다 내가 즐겁게 할 수 있는 콘텐츠를 먼저 찾아 보세요.

우선 가장 접근하기 쉬우면서도 편집도 단순한 일상 촬영부터 시작해 보세요. 브이로그 촬영은 내가 무엇을 좋아하는지, 무엇을 싫어하는지, 나의 하루는 어떻게 흘러가는지 '나'를 알게 되는 과정이 될 거예요. 예를 들어 내가 만든 요리 영상과 취미로 배우는 캘리그래피 작업을 유튜브에 업로드했을 때 캘리그래피보다 요리 콘텐츠에 대한 사람들의 반응이 더 좋았다면 내 콘텐츠의 주제를 요리로 정해 보세요. 이렇게 하면 나도 몰랐던 나를 발견하는 계기가 될 수 있겠죠?

▲ 일상을 촬영한 다양한 예

▲ 여행 촬영의 다양한 예

2 장비빨? 믿지 말자!

영상 촬영을 위해 완벽하게 장비를 준비하고 싶나요? 하지만 최신의 비싼 카메라가 반드시 좋은 영상을 보장하지는 않아요. 촬영 전문가가 아니라면 고가 장비의 기능을 100% 활용할 수도 없고, 장비가 너무 무거워서 가지고 다니기 어려울 수도 있어요. 따라서 가격대와 상관없이 나와 찰떡궁합인 카메라가 무엇인지부터 찾아보아야 해요.

그렇다면 과연 나와 가장 잘 맞는 좋은 카메라는 무엇일까요? 답은 아주 간단하고 쉬워요. 지금 내가 쓰고 있는 그 '카메라'가 바로 나와 가장 잘 맞는 카메라에요. 만약 스마트폰에 내장된 카메라를 주로 쓴다면 그 카메라가 나에게 가장 좋은 카메라입니다. 장비를 능숙하고 자연스럽게 사용할 수 있을 때 카메라의 쓰임이 제대로 빛을 발하기 때문이죠. 따라서 무작정 새 카메라를 구입하려고 하지 말고 이미 내가 갖고 있고, 자주 사용하는 카메라를 꺼내 녹화 버튼부터 '찰칵' 눌러보세요!

3 일단 찍어보자! 5분 만에 익히는 영상 촬영 기법

촬영 팁은 정말 다양하고 많지만, 영상을 촬영할 때마다 모든 팁을 다 기억하면서 찍기는 힘들 거예요. 카메라의 사진 모드에서 영상 모드로 바꾸기도 바쁜데 말이죠. 영상 촬영은 사진을 찍을 때와 비슷하지만 한 장이 아니라 여러 장, 즉 움직이는 그림을 담아야 하기 때문에 촬영법에 미묘한 차이가 있어요. 하지만 너무 걱정하지 마세요. 여기에서 알려주는 몇 가지 촬영 팁만 알고 있어도 꽤 괜찮은 영상을 찍을 수 있으니 천천히 한번 읽어보세요.

수평과 수직을 맞추자!

사진이든, 영상이든 카메라로 촬영할 때는 반드시 수평과 수직을 맞추어야 합니다. 물론 영상 편집 프로그램인 프리미어에서 각도를 보정할 수는 있지만, 촬영할 때 최대한 수평과 수직을 잘 맞춰 찍는 것이 좋아요. 만약 구도를 잡기가 힘들다면 카메라의 설정 중 안내선을 선택하여 촬영할 때 도움을 받으세요.

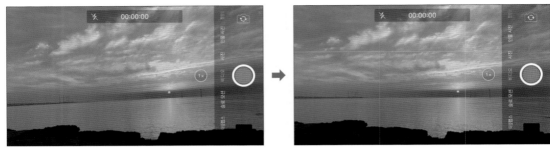

▲ 안내선에 맞춰 수평과 수직을 맞추기 전과 후 비교

흔들림을 최소화하자!

사진과 영상의 가장 큰 차이점은 바로 '움직임'이 느껴진다는 건데요. 편집하다 보면 이 움직임이 얼마나 중요한지 알게 될 거예요. 걸으면서 촬영할 때 흔들림을 생각하지 않고 찍는다면 손 떨림이 카메라에 그대로 전달되어 매우 어지러운 영상으로 녹화된답니다. 한두 컷 정도 흔들릴 경우는 괜찮지만, 3분 이상 영상이 흔들리면 어지러워서 시청하기가 매우 힘들어요. 따라서 촬영할 때 카메라가 많이 흔들리지 않도록 주의해서 찍어야 해요.

요즘 출시되는 카메라나 스마트폰에는 손 떨림 방지 기능이 있고, 프리미어 프로에서도 흔들림 보정이 가능하므로 한 치의 흔들림 없이 촬영해야 한다는 강박관념을 가질 필요는 없어요. 오히려 약간의 손 떨림은 자연스러운 연출 효과를 줄 수도 있으니 안심하세요.

원테이크보다 클립으로 담자!

'원테이트(1take)'는 영화에서 쓰이는 촬영 기법 중 하나로, 촬영 시작부터 끝까지 한 번도 끊지 않고 하나의 컷으로 촬영하는 것을 말해요. '클립(clip)'은 영상을 조각 낸 것을 말하고요.

예를 들어 눈 앞에 펼쳐진 풍경을 한 번의 녹화로 오랜 시간 동안 꽃과 풀, 나무까지 다양하게 담았다면 원테이크 방법으로 촬영한 거예요. 그런데 필자는 다음 두 가지 이유 때문에 원테이크 촬영 방식을 추천하지 않습니다.

첫째, 한 번에 모든 것을 담으려고 하면 영상의 움직임이 빨라져서 흔들릴 수밖에 없어요. 움직임이 빨라지면 잔상이 남기 때문에 무엇을 보여주고자 하는지 알 수 없는 어지러운 영상이 돼요.

▲ 영상의 빠른 움직임 때문에 잔상이 남은 영상과 남지 않은 영상의 예

둘째, 편집이 힘들어집니다. 영상은 섬네일을 보면서 편집하는데, 하나의 영상에 모든 내용이 담겨있다면 각 클립을 세세하게 살펴보기가 어려워 중간중간에 영상을 계속 재생해서 확인해야 하기 때문에 작업 시간도 오래 걸리고 불편합니다.

따라서 영상을 촬영할 때는 가급적 편집점을 기준으로 클립 형태로 조각조각 쪼개어 촬영하는 것을 추천해요. 여기서 설명하는 내용이 아직은 잘 이해가 되지 않을 수 있어요. 직접 영상 편집 작업을 해 보면 촬영에 대한 노하우도 함께 익히면 되니 너무 걱정하지 마세요.

잠깐만요 **어떤 영상이 더 잘 찍은 영상 같나요?**

QR 코드를 찍어서 왼쪽 영상과 오른쪽 영상을 비교해 보세요. 어떤 영상이 더 좋아보이나요? 영상을 본 90% 이상의 사람들이 오른쪽 영상을 선택했는데, 이유가 무엇일까요? 같이 한번 생각해 봅시다.

오른쪽 영상은 왼쪽 영상보다 흔들림이 적고, 움직임이 부드러워 보입니다. 따라서 대부분의 사람들은 오른쪽 영상을 더 잘 찍은 영상으로 선택했어요. 그런데 왼쪽 영상을 더 잘 찍은 영상으로 선택한 사람들도 있었어요. 그 이유는 캐릭터의 얼굴이 잘리지 않았기 때문이라고 했는데요, 이처럼 '구도' 역시 좋은 영상을 만드는데 빠질 수 없는 요소에요. 구도도 물론 중요하지만 영상에서는 많은 사람들이 '움직임'에 더 집중하고 있다는 걸 보여주는 예시입니다.

이와 같이 영상을 촬영할 때는 '흔들림'과 '구도'라는 두 가지 요소가 모두 중요해요. 따라서 이 두 가지 요소만 잘 지켜서 찍는다면 초보자라도 전문가 못지않은 보기 좋은 영상을 만들 수 있어요.

영상 촬영에
필요한 장비 살펴보기

현재 내가 자주 사용하는 카메라로 영상을 촬영하는 것이 가장 좋은 방법이라고 했지만, 그래도 인기 유튜브 크리에이터들은 어떤 카메라와 마이크, 조명 등의 장비를 사용하고 있는지 궁금하지 않나요? 여기에서는 여러분들이 자신에게 맞는 장비를 선택할 수 있도록 장비의 크기나 무게, 출력물의 결과에 따라 용도별, 상황별로 장비의 장점과 단점을 정리했어요. 영상 장비는 무조건 구비할 필요가 없으니 참고만 하세요.

1 유튜브 크리에이터가 선호하는 카메라

가격이 비싼 DSLR은 크고 무겁지만, 촬영 결과물은 가장 좋은 편이에요. 요즘에는 DSLR만큼 영상 퀄리티가 뛰어나면서 휴대성까지 좋은 미러리스나 똑딱이 카메라 도 많이 출시되었어요.

DSLR

제품명	용도	특징
Canon 5D	전문가용	• 사진 촬영 전용으로 나온 카메라예요. • 영상을 찍기에는 무게나 크기가 부담스럽지만, 영상의 퀄리티가 매우 좋아 외부 촬영이 거의 없는 실내 촬영에 추천해요. • 가격대 : (출고가) 카메라 본체만 390만 원대(렌즈 별도 구매)
Canon 80D	준전문가용	• 심도가 얕은 렌즈를 사용할 경우 '아웃포커스'가 잘 되어 고급스러운 화면 연출이 가능해요. • 영상 촬영용 DSLR로, 다른 카메라와 비교했을 때 흔들림 보정이 잘 되는 편이에요. • 가격대 : (출고가) 카메라 본체만 130만 원대(렌즈 별도 구매)

TIP

아웃포커스란, 초점을 맞춘 부분은 깨끗하고 선명하게 보이고, 그 외의 부분은 흐리게 처리하는 효과를 말해요. 배경보다 특정 피사체만 강조해야 하는 경우에 사용하면 좋아요.

미러리스

제품명	특징
SONY a6400	• 작고 가벼우면서도 DSLR처럼 필요에 따라 렌즈를 교환할 수 있어요. • 틸트 액정이 가능해 내 모습을 보면서 촬영할 수 있어요. • 가격대 : (출고가) 카메라 본체만 100만 원대(렌즈 별도 구매)
Canon M50	• 렌즈 교환이 가능한 카메라로, 휴대성도 좋아요. • 가격대 : (출고가) 카메라 본체만 70만 원대(렌즈 별도 구매)

디지털카메라

제품명	특징
Canon G7X 시리즈	• 액정을 180도로 젖힐 수 있어 셀프 촬영이 쉬워요. • 얼굴이 뽀샤시하게 촬영되어 뷰티와 브이로그 촬영에 많이 사용해요. • 포커싱 속도가 느리고 Auto 모드 사용 시 초점이 잘 안 맞을 수 있어요. • 가격대 : (출고가) Canon G7X Mark Ⅲ의 경우 80만 원대
SONY RX100 시리즈	• 한 손에 착 감길 만큼 작고 디자인이 깔끔해요. • '괴물 똑딱이'라는 별칭이 있을 만큼 휴대성과 촬영 결과물 모두 우수해요. • 비슷한 사양의 다른 디지털카메라에 비해 가격이 다소 비싼 편이에요.

2 영상 촬영에 적합한 마이크

카메라에 내장되어 있는 마이크는 주변의 모든 소리가 녹음되어 내 목소리뿐만 아니라 지나가는 자동차 소리, 옆 사람의 말소리 등 다양한 소리가 동시에 녹음이 돼요. 만약 소리로만 콘텐츠를 전달하는 ASMR 유튜브 채널을 만들고 싶다면 마이크를 고를 때도 신중해야 해요.

이어폰 마이크

이어폰 마이크는 컴퓨터 이어폰 단자에 꽂기만 하면 매우 간편하게 쓸 수 있어서 누구나 하나쯤은 갖고 있을 거예요. 이 마이크는 생각보다 잡음이 없어 소리 신호를 받는 음질도 훌륭해요. 필자의 경우 프리미어 프로 프로그램의 녹음 기능을 사용하여 내레이션을 녹음할 때는 주로 이어폰 마이크를 사용해요. 만약 이어폰 마이크가 없다면 스마트폰에 내장된 녹음 기능을 사용해도 됩니다.

▲ 이어폰 마이크

> **TIP**
>
> ASMR은 '자율 감각 쾌락 반응(Autonomous Sensory Meridian Response)'의 약자로, 뇌를 자극해 심리적인 안정을 유도하는 영상을 의미해요. 유튜브에서는 음식을 먹는 소리, 바스락거리는 소리, 글씨 쓰는 소리 등을 반복해서 녹음한 ASMR 채널을 찾아볼 수 있어요.

핀 마이크

핀 마이크는 아나운서나 연예인들이 TV 프로그램에서 착용하는 마이크로, 방송국에서 많이 사용하고 있어요. 방송에서 사용하는 핀 마이크는 대부분 무선이지만, 컴퓨터나 스마트폰의 이어폰 단자에 꽂아 사용할 수 있는 유선 핀 마이크도 있어요. 녹음기 중에는 콤팩트한 사이즈이면서 휴대성이 뛰어나서 핀 마이크로 사용할 수 있는 제품도 있어요.

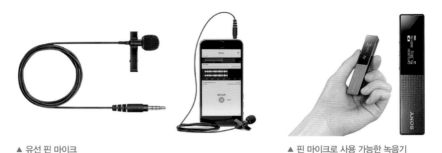

▲ 유선 핀 마이크   ▲ 핀 마이크로 사용 가능한 녹음기

카메라 외장 마이크

카메라에는 외장 마이크를 별도로 달아 사용하는데, 길쭉한 막대기 모양 때문에 '샷건 마이크'라고도 불러요. 마이크가 가리키는 방향의 소리를 담을 수 있어서 자신이 원하는 특정 대상만을 향해 녹음할 수 있기 때문에 주변 잡음을 최소화시키는 효과가 있어요.

▲ 다양한 형태의 카메라 외장 마이크

콘덴서 마이크

콘덴서 마이크는 소리 신호를 받는 음질이 깊고 좋은 편이라 음악 작업을 전문으로 하는 아티스트들이 많이 사용하고 있어요. 하지만 가격대가 비싸고 장비마다 전용 단자가 따로 있어서 일반적인 녹음용 마이크로 적합하지 않은 편이에요. 그래도 요즘에는 USB 단자에 꽂아 사용할 수 있는 콘덴서 마이크들도 많이 판매되고 있어요.

▲ 단자에 꽂아 사용할 수 있는 USB 콘덴서 마이크

3 기타 장비

유튜브 크리에이터라면 어느 정도의 장비 욕심도 필요해요. 어떤 카메라나 마이크를 사용하느냐에 따라 영상 콘텐츠의 질이 달라지기 때문이죠. 하지만 장비를 '제대로 사용했을 때'라는 전제가 붙어야 해요. 우선 내가 갖고 있는 장비를 최대한 활용하여 영상을 만들어본 후 아쉬운 점이 생기거나 부족한 부분이 보일 때 하나씩 구비해 보세요.

삼각대

삼각대는 카메라를 고정해 놓고 사용할 수 있는 장비로, 높낮이 조절이 가능해서 원하는 각도에서 촬영할 수 있고 흔들리지 않는다는 장점이 있어요. 유튜브 영상을 만든다면 삼각대는 꼭 필요한 아이템이라고 추천하고 싶은 장비에요. 스마트폰용 삼각대, 작고 가벼운 미러리스 & 포켓 카메라용 삼각대, 묵직한 DSLR용 고급 삼각대 등 카메라에 따라 다양한 종류의 삼각대가 있으니까 기능과 무게, 가격대를 비교해서 나에게 잘 맞는 삼각대를 골라보세요.

▲ 스마트폰용 삼각대   ▲ 카메라용 삼각대

짐벌

짐벌은 셀카봉처럼 생겼지만, 손 떨림 방지 기능이 추가되어 촬영할 때 흔들림을 최소화할 수 있어요. 원래 짐벌은 방송 프로그램이나 광고 촬영 등에 사용되는 전문 장비였지만, 영상 촬영이 점차 대중화되면서 가벼운 크기의 휴대성이 좋은 제품이 많이 출시되었어요. 짐벌도 카메라의 기종에 따라 종류가 달라지므로 크기나 무게, 가격 등을 꼼꼼하게 비교해 보면서 구매하세요.

▲ 스마트폰용 짐벌　　　　　▲ 카메라용 짐벌　　　　　▲ 방송용 짐벌

조명

필자의 경우 일상 촬영을 많이 하다 보니 햇빛, 즉 자연광을 이용해 영상을 찍게 되는 편이에요. 하지만 상황에 따라 조명이 필요한 경우도 있을 거예요. 예를 들어 뽀샤시하게 나와야 하는 인물 촬영이나 특정 조도가 계속 일정하게 유지되어야 하는 촬영, 또는 날씨가 좋지 않은 날에도 밝게 촬영해야 하는 경우 등 조명이 필요한 이유는 매우 다양해요.

TIP

동그란 원형 조명은 동공에 예쁘게 비춰 반사되기 때문에 뷰티 크리에이터들이 자주 사용해요.

조명은 모양과 크기에 따라 쓰임이 달라지며, 색 온도를 바꿀 수 있는 조명도 있어요. 따라서 스마트폰용인지, 카메라용인지 등을 확인해 자신의 촬영 환경에 맞는 조명을 고르는 것이 중요합니다.

▲ 모양과 크기에 따라 사용 환경이 다른 조명

'소소SOSO'가 사용하는 카메라 장비를 소개합니다!

필자가 사용하는 주로 사용하는 카메라는 총 4대인데요, 광고 홍보 등의 의뢰받은 영상을 촬영할 때는 DSLR이나 미러리스를, 개인 일상을 촬영할 때는 똑딱이 디지털카메라와 액션캠을 주로 사용해요. 렌즈도 카메라 브랜드에 따라 호환이 되지 않는 경우가 많아 카메라마다 따로 구입해서 쓰고 있어요. 만약 브이로그용으로 가볍게 영상 촬영을 시작하고 싶다면, 고가의 카메라보다는 디지털카메라 중 SONY RX100 시리즈를 추천해요. 이 카메라는 가벼워서 휴대성이 좋고, 밝은 조리개로 예쁜 아웃포커싱은 물론 빠른 속도의 AF로 촬영 기술이 없어도 예쁜 사진과 영상을 찍을 수 있어요.

마이크의 경우 지향성 마이크 중 하나인 CM200U를 사용하고 있어요. 이 마이크는 마이크의 앞쪽 소리를 주로 흡수하여 오른쪽이나 왼쪽, 마이크 뒤쪽에서 들리는 소리는 상대적으로 적게 흡수되기 때문에 비싸지 않은 가격에도 정말 작은 소리 하나까지 섬세하게 녹음되어 가성비가 높은 제품이에요. 삼각대는 높은 위치에서 촬영해야 할 상황이 아니라면 대부분 고릴라 삼각대로 부르는 JOBY 고릴라포드를 사용해요. 다리가 관절 형태로 고정이 용이해 촬영하기 좋으며, 볼헤드까지 장착된 제품이라면 더욱 편리하게 사용할 수 있어요.

▲ SONY 알파 A7 Ⅲ　　　　▲ CANON EOS 60D　　　　▲ SONY RX100 m4

▲ Xiaoyi Yi 샤오미 액션캠　　　▲ SONY 16–35 F4　　　　▲ JOBY 고릴라포드　　　◀ 맨프로토 엘리먼트

장비	제품명	
카메라	전문적인 의뢰 영상	풀프레임 미러리스 SONY 알파 A7 Ⅲ
		DSLR CANON 60D
	일상 영상	SONY RX100 m4
		Xiaoyi Yi 샤오미 액션캠
렌즈	SONY 16–35 F4	
	CANON 50mm 1.8	
마이크	CM 200U	
삼각대	맨프로토 엘리먼트 / JOBY 고릴라포드	

PART

03

What

유튜브 영상,
무엇으로 편집해야 할까요?

영상 편집은
'프리미어 프로'로!

'프리미어 프로는 전문 영상 편집자들이 주로 사용하는 프로그램이라 초보자가 다루기에는 어렵고 복잡하지 않을까?' 또는 '무료 영상 프로그램도 많은데, 왜 돈을 주고 프리미어 프로를 구입해야 하지?'라며 고개를 갸우뚱할 수도 있어요. 이처럼 많은 사용자들이 프로그램을 익히는 과정이 어려울 거라고 막연하게 생각하거나 유료로 구입해야 한다는 이유 때문에 프리미어 프로(Premiere Pro)의 사용을 망설입니다. 하지만 필자는 수많은 영상 편집 프로그램 중에서도 다음과 같은 세 가지 이유 때문에 독자분들께 프리미어 프로를 꼭 추천하고 싶어요.

1 프리미어 프로를 추천하는 세 가지 이유

아직 영상 편집을 한 번도 해 보지 않은 초보자라면, 프리미어 프로로 영상 편집의 첫발을 내딛기를 강력하게 추천해요. 만약 이미 사용 중인 무료 편집 프로그램이나 스마트폰 앱이 있어도 프리미어 프로를 접하는 순간, 이보다 더 좋은 편집 프로그램은 없다고 생각할 거예요. 그렇다면 필자가 왜 이토록 프리미어 프로의 사용을 권장하는지 이유를 알아볼까요?

첫째, 프리미어 프로는 윈도우와 맥에서 모두 사용할 수 있어요.

영상 편집 전문가들은 애플에서 제공하는 '파이널 컷 프로 X'라는 프로그램을 많이 사용하고 있어요. 하지만 파이널 컷 프로 X는 맥OS 환경에서만 사용할 수 있어 윈도우 사용자는 쓸 수 없는 프로그램이에요. 그리고 아직까지는 맥보다 윈도우가 익숙한 사용자들이 더 많기 때문에 프리미어 프로를 적극 추천합니다. 만약 맥과 윈도우를 모두 사용한다면 호환이 가능한 프리미어 프로가 영상 편집에 더욱 적합하겠죠?

둘째, 초보자부터 고급 사용자까지 프리미어 프로 하나로 해결할 수 있어요.

실제로 영상 편집을 배울 때 프로그램을 구하기 쉽고, 단순하게 익힐 수 있는 메뉴의 구성 때문에 무료 영상 편집 프로그램으로 영상 편집을 시작하는 사용자들이 많아요. 하지만 편집에 익숙해질수록 무료 프로그램에서 제공하는 기능이 매우 제한적이어서 다시 프리미어 프로를 배우는 경우가 자주 발생합니다. 우리가 이 책으로 공부를 시작한 이상 언제까지나 초보자 단계에만 머물러 있을 수는 없겠죠? 따라서 시작은 조금 어려울 수 있지만, 영상 편집의 진정한 즐거움을 느끼고 싶다면 프리미어 프로로 시작해 보기를 적극 추천합니다.

셋째, 다양한 프로그램과 연계할 수 있어요.

프리미어 프로는 어도비에서 제공하는 프로그램이기 때문에 포토샵(Photoshop), 일러스트레이터(Illustrator), 애프터 이펙트(After Effects) 등 어도비 계열의 디자인 프로그램과 아무 문제 없이 연계해서 사용할 수 있어요. 또한 이러한 프로그램을 함께 사용하여 영상 편집 작업을 한다면 프리미어 프로로만 작업했을 때보다 훨씬 더 좋은 결과물을 만들 수 있습니다.

2 프리미어 프로의 구독료

CC 버전 이전의 어도비 계열 프로그램은 제품을 한 번 구매하면 평생 사용할 수 있었어요. 비교적 비싼 가격이었지만, 영구적으로 사용할 수 있다는 장점이 있었죠. 하지만 현재 CC 버전의 프리미어 프로는 가격 부담을 줄인 대신 월 구독 형태로 바뀌었어요. 따라서 프리미어 프로를 사용하려면 어도비에 매달 24,000원(변동 가능)을 지불해야 합니다.

매달 사용료를 결제하는 시스템이 불편하다고 생각할 수도 있겠지만, 구독료를 연 단위로 선지불할 수도 있고, 직군에 따라 할인을 받을 수도 있어요. 또한 다양한 프로모션 혜택도 제공하고 있으니 사용자의 사용 환경에 따라 결제 수단과 방법을 선택해 보세요.

TIP

프리미어 프로 프로그램은 어도비코리아 공식 홈페이지(www.adobe.com/kr/products/premiere)에서 구입할 수 있어요. 프리미어 프로(체험판)의 설치 과정에 대해서는 54쪽에서 자세히 설명할게요.

▲ 어도비 Creative Cloud 구입 화면

3 프리미어 프로 사용을 위한 컴퓨터의 최소 사양

어도비 홈페이지에서는 프리미어 프로 CC를 실행하고 사용하기 위한 컴퓨터 최소 요구 사항을 알려주고 있어요. 하지만 프로세서, 운영체제, 램(RAM) 등 알기 어려운 용어만 가득 있어서 막상 어떤 컴퓨터를 구입하거나 사용해야 할지 헷갈리기만 합니다.

▲ 어도비 홈페이지에서 제공하는 프리미어 프로의 설치에 필요한 최소 시스템 요구 사항 안내 화면
(https://helpx.adobe.com/kr/premiere-pro/system-requirements.html)

이 책에서는 영상 편집을 쉽게 알려주기 때문에 프리미어 프로를 사용하기 위해 꼭 필요한 최소 사양을 알기 쉽게 설명해 볼게요. 특히 영상 편집을 위해 컴퓨터를 새로 구입할 예정이라면 다음의 표를 주의 깊게 살펴보세요.

프리미어 프로 CC의 기준		최소 사항
프로세서	Intel® Intel Core i5, i7, i9	i 뒤의 숫자가 클수록 좋아요.
운영체제	마이크로소프트 윈도우 10 64비트	• [필수] 프로세서나 메모리 등은 편집 환경, 즉 작업 속도를 빠르게 하는 데 도움을 주는 권장 사양이에요. • 윈도우 64비트가 아닌 32비트를 사용 중이면 프리미어 프 로 최신 버전을 설치할 수 없으므로 운영체제는 꼭 확인 해야 하는 필수 사양이에요.
메모리	8GB 이상	메모리 용량이 클수록 좋아요.

▲ 프리미어 프로 CC 2020의 설치 기준

01 윈도우 10의 작업 표시줄에서 [시작] 단추(⊞)의 오른쪽에 위치한 [검색] 단추(🔍)
를 클릭한 후 검색 창에 『제어판』을 입력하세요.

02 제어판이 열리면 [시스템 및 보안]-[시스템]을 차례대로 선택합니다.

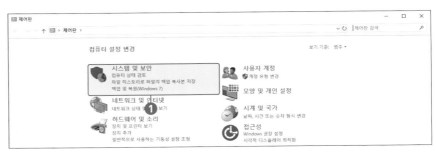

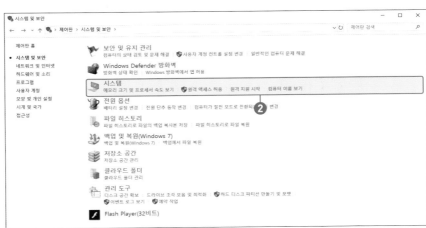

03 [시스템] 창이 열리면 윈도우 버전과 '시스템' 정보를 확인할 수 있어요.

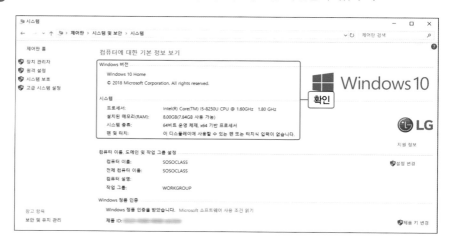

윈도우 버전을 확인하는 더 간편한 방법

바탕화면을 마우스 오른쪽 단추로 클릭하고 [디스플레이 설정]을 선택하여 [디스플레이] 창을 연 후 [정보]를 클릭해도 디바이스와 윈도우 사양을 확인할 수 있어요.

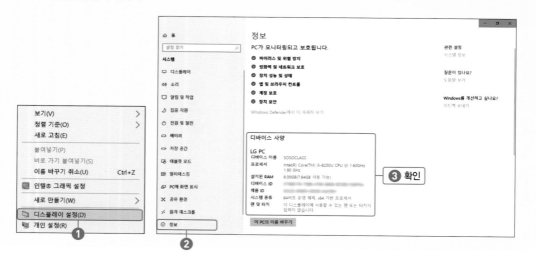

02

영상 편집의 첫걸음, 프리미어 프로 설치하기

아직 프리미어 프로를 구매하기 전이라면 어도비 홈페이지에서 제공하는 무료 체험판부터 사용해 보세요. 일주일 동안 정식 버전과 동일한 프로그램을 사용해 볼 수 있기 때문에 체험판으로 컴퓨터 사용 환경을 테스트해 보고 영상 편집의 기본도 익혀봅시다.

 **무작정따라하기** **어도비(Adobe) 계정 가입하기**

01 프리미어 프로 무료 체험판을 사용하려면 어도비 계정부터 만들어야 하므로 어도비코리아 홈페이지(www.adobe.com/kr)에서 [로그인]을 클릭하세요.

TIP

이미 어도비에 가입하여 계정이 있을 경우에는 해당 계정과 암호를 입력하고 [로그인]을 클릭하세요. 또한 페이스북과 구글, 애플 계정을 어도비 계정과 연동하여 사용할 수도 있어요. 그러므로 이미 사용 중인 페이스북이나 구글, 애플 아이디가 있다면 클릭하여 로그인하세요.

02 아직 어도비 계정이 없다면 [계정 만들기]를 선택하세요. 어도비 ID는 쉽게 만들 수 있어요. 성과 이름, 이메일 주소와 암호 등의 개인 정보를 입력하고 이메일 수신 동의 항목과 필수 항목에 ∨ 표시한 후 [계정 만들기]를 클릭해서 계정 가입을 완료하세요.

TIP

암호는 보안을 위해 가급적 최소 8개 이상의 문자로, 소문자(a~z)와 대문자(A~Z), 하나 이상의 숫자(0~9) 또는 기호가 포함되도록 만들어 주세요.

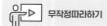 무작정따라하기 | **프리미어 프로 CC 체험판 설치하기**

01 어도비코리아 홈페이지에 로그인한 상태에서 [크리에이티비티 및 디자인]–[Premiere Pro]를 클릭하세요.

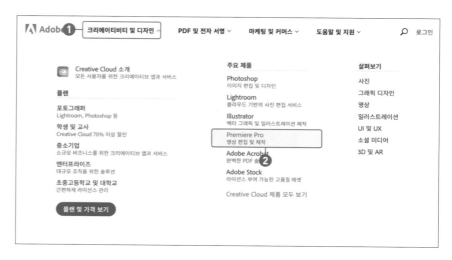

TIP

[구매하기]를 클릭하면 프로그램의 가격 안내와 함께 구매할 수 있는 화면이 열려요.

02 프리미어 프로에 대한 상세한 설명과 프로그램의 다양한 기능을 소개하는 화면이 열리면 프로그램을 구입하기 전에 미리 체험하기 위해 [무료 체험판]을 클릭하세요.

03 프리미어 프로를 7일간 무료로 체험하기 위해 [개인]–[무료로 체험하기]를 클릭하세요.

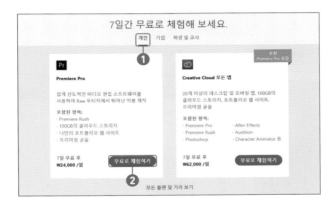

04 프리미어 프로를 무료로 체험하려면 결제 정보가 필요합니다. 일주일 무료 체험 기간 후에는 자동으로 월간 결제로 넘어가기 때문에 무료 취소 기간을 꼭 확인하세요. 결제 정보를 입력한 후 [무료 체험기간 시작]을 클릭하세요.

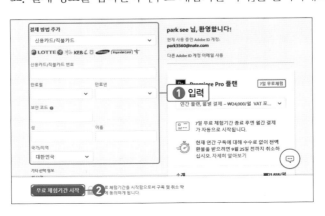

05 주문 확인 세부 정보와 함께 무료 체험을 시작하는 알림 창이 열리면 [시작하기]를 클릭하세요. 그러면 프리미어 프로 프로그램의 설치가 시작됩니다.

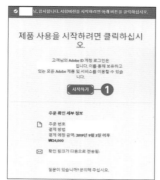

잠깐 만요

프리미어 프로 업데이트 시 오류가 발생할 때 해결하는 방법

컴퓨터에 설치된 그래픽카드가 최신 버전이 아니라면 프리미어 프로를 업데이트했을 때 [시스템 호환성 보고서] 경고 창이 열려요. Esc 를 누르거나 [알려진 문제가 있는 상태로 계속]을 클릭해 무시할 수도 있지만, 경고 창은 프로그램을 실행할 때마다 열리기 때문에 [해결]을 클릭해 경고 창을 없애볼게요. [Click here]을 클릭해 내 컴퓨터에 설치된 그래픽카드를 업데이트하세요.

컴퓨터마다 다른 그래픽카드를 사용하기 때문에 진행 과정이 아래 그림과 다를 수는 있겠지만, 설치 프로그램을 다운로드해서 실행한 후 차근차근 진행하면 완료됩니다.

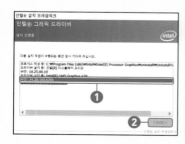

프리미어 프로를 다시 시작해 보세요. 이제 경고 창이 열리지 않죠? 69쪽에서 알려주는 방법으로 새 프로젝트를 생성한 후 [도움말]-[시스템 호환성 보고서] 메뉴를 선택하면 문제없이 깨끗한 화면을 확인할 수 있어요.

06 프리미어 프로의 설치가 완료되면 자동으로 프로그램이 실행됩니다. 이제 일주일 동안 무료 시험 버전으로 프리미어 프로를 경험해 보세요.

TIP

만약 자동으로 프리미어 프로 프로그램이 실행되지 않으면 [시작] 메뉴에서 [Adobe Premiere Pro 2020]을 찾아 클릭하세요.

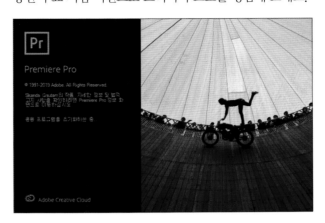

잠깐 만요 **설치 과정에서 경고 창이 열릴 때 해결하는 방법**

프리미어 프로를 설치하는 과정에서 다음과 같은 경고 창이 최대 10번까지 열릴 수 있어요. 대부분 [확인]을 반복해서 클릭하면 설치가 완료되지만, 혹시 설치가 멈추거나 경고 창이 계속 열리는 문제가 발생한다면 설정을 바꿔줘야 합니다.

사용 중인 컴퓨터의 계정이 한글 이름인 경우 오류가 발생할 가능성이 높아요! 이 경우에는 [시작] 단추(⊞)를 클릭하고 [설정]-[시스템]을 차례대로 선택합니다. [시스템] 창이 열리면 [정보]의 [이 PC의 이름 바꾸기]를 클릭하여 계정을 영어로 바꾸세요. 그런 다음 마이크로소프트 사이트의 다운로드 센터에서 『Visual C++』를 검색해 지원되는 최신 비주얼 C++(https://support.microsoft.com/ko-kr/help/2977003)를 새로 다운로드한 후 프리미어 프로를 재실행해 보세요.

프리미어 프로,
영문 버전으로 변경하기

프리미어 프로는 가급적 영문 버전으로 설치하세요. 영어 메뉴와 용어가 제대로 번역되지 않은 경우가 많아서 한글 버전은 메뉴 찾기가 쉽지 않아요. 그리고 실제 제작 현장에서는 대부분 영문 버전을 사용하기 때문에 유튜브나 블로그를 통해 전 세계 수많은 사람들이 영문 버전을 기반으로 프리미어 프로의 활용 기능 및 튜토리얼을 알려주고 있어요. 따라서 영문 버전을 설치하여 사용하는 것이 훨씬 작업하기 편합니다. 만약 프리미어 프로가 이미 한글 버전으로 설치되는 중이라면 설치를 중단하고 다시 설치하거나, 설치가 모두 완료된 후 여기서 설명하는 두 가지 방법 중 하나를 선택하여 영문 버전으로 바꿔주세요.

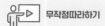 무작정따라하기 **설치 중단 후 영문 버전으로 다시 설치하기**

01 바탕화면의 작업 표시줄에서 [Creative Cloud](🔵)를 클릭하거나 [시작] 단추(⊞)를 클릭하고 [Adobe Creative Cloud]를 선택하세요. [Creative Cloud Desktop] 창이 열리면 [환경 설정](⚙)을 선택하세요.

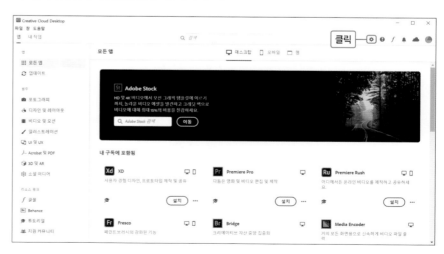

02 [환경 설정] 창이 열리면 [Creative Cloud]−[앱]을 선택하세요. '설치'에서 '기본 설치 언어'를 [English (International)]로 선택한 후 [완료]를 클릭하세요.

 무작정따라하기 **설치 후 영문 버전으로 변경하기**

01 58쪽의 방법보다 좀 더 쉽고 간편한 방법을 소개할게요. 윈도우의 바탕화면에서 [시작] 단추(⊞)를 클릭하고 [Adobe Premiere Pro 2020]을 선택하여 프리미어 프로를 실행합니다. 만약 프로그램을 찾기 어렵다면 검색 창에 『premiere』를 직접 입력해도 됩니다.

TIP

사용자의 작업 환경에 따라 Adobe Premiere Pro 2022로 업데이트 되어 있을 수도 있습니다.

▲ [시작] 단추 클릭해 프리미어 프로 실행하기

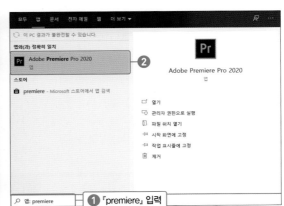

▲ 검색 창 이용해 프리미어 프로 실행하기

02 프리미어 프로가 실행되면 홈 화면에서 [새 프로젝트]를 클릭하세요.

03 [새 프로젝트] 창이 열리면 프로젝트의 '이름'을 입력하고 [찾아보기]를 클릭하여 프로젝트의 저장 위치를 설정한 후 [확인]을 클릭하여 프로젝트를 만듭니다. 지금 과정은 영문 버전으로 변경하기 위해 임의로 프로젝트를 생성하고 있는데, 영상 제작을 위해 정식으로 새 프로젝트를 만드는 방법은 69쪽을 참고하세요.

04 [Ctrl]+[F12]를 눌러 [콘솔] 창을 열고 '콘솔' 옆의 ▤를 클릭한 후 [Debug Database View]를 선택하세요.

TIP

만약 노트북을 사용 중이라면 [Ctrl]+[Fn]+[F12]를 눌러 [콘솔] 창을 여세요.

05 [콘솔] 창에 나타나는 목록 중에서 [ApplicationLanguage]를 찾거나 🔍을 클릭하여 검색해서 'ko_KR'을 'en_US'로 변경하고 프로그램을 종료하세요. 만약 창이 작아 이 항목이 보이지 않으면 창의 모서리에 마우스 포인터를 올려놓고 바깥쪽으로 드래그하여 창의 크기를 크게 조절한 후 항목을 찾아보세요.

편집 준비

06 다시 프리미어 프로를 실행하여 영문 버전으로 시작되는지 확인해 보세요.

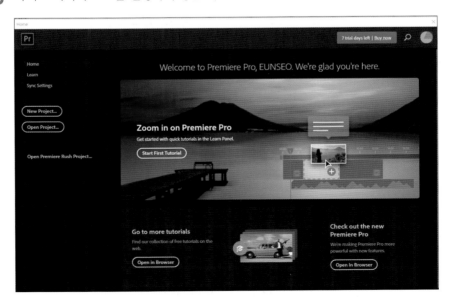

YOUTUBE PREMIERE PRO

PART 04

Basic

프리미어 프로의 기초,
영상 편집 가볍게 끝내기

01 영상 편집의 개념부터 차근차근 익히기
02 두근두근~ 프로젝트 맛보기

영상 편집의 개념부터
차근차근 익히기

여기서는 영상을 한 번도 다룬 적이 없는 초보자라도 영상 편집의 기초를 한 시간 안에 끝낼 수 있도록 완벽하게 알려줄게요. 영상 만들기는 마치 그림 그리기와 같아요. 스케치북이나 종이에 연필, 물감 등으로 그림을 그리는 것처럼 영상 편집 프로그램인 프리미어 프로라는 스케치북에 사진이나 영상, 음악 등의 도구를 사용해 그림을 그린다고 생각하면 됩니다. 자, 그러면 본격적으로 영상 편집을 시작해 볼까요?

▌ 영상은 어떻게 만들어질까?

기획	➡	촬영	➡	편집						➡	업로드
				컷 편집	배경 음악	색감 보정	자막	효과음	출력		

TIP

재생 시간이 긴 영상보다 짧게 나눠 촬영한 클립 영상이 편집할 때 훨씬 더 유용하다는 사실을 잊지 마세요.

아이템을 기획하고 기획을 바탕으로 영상을 촬영한 후 컷 편집과 배경 음악, 색감 보정, 자막, 효과음, 출력 등의 편집을 거쳐 영상을 업로드하면 영상이 만들어져요. 하지만 앞에서 말했듯이 기획 단계는 생략해도 괜찮아요. 촬영 과정도 '소소한 일상을 기록해 본다'라는 마음으로 녹화 버튼을 부담 없이 눌러 촬영물 남기는 작업을 꾸준히 시도해 보세요. 이제부터 촬영한 영상만 있다면 누구든지 쉽게 따라할 수 있는 영상 편집에 대해 알려줄게요.

▌ 영상 편집 전, 이것만은 꼭! 기억하자

영상 편집을 시작하기 전에 촬영했던 사진과 영상을 내 컴퓨터로 옮겨두어야 합니다. 아주 단순한 과정이지만 꼭 기억해야 할 중요한 사항이 있어요. 천천히 읽어보면서 영상 편집의 첫걸음을 시작해 보세요.

하나의 폴더에 영상 편집용 파일 넣기

컴퓨터의 바탕화면에 촬영한 영상 파일을 옮겨놓고 프리미어 프로로 불러오면 영상 편집을 할 준비가 된 거예요. 하지만 파일 이름을 변경하거나 삭제 또는 다른 폴더로 이동하면 내가 열심히 편집한 프로젝트에 빨간색 경고 창이 표시됩니다. 물론 관련 파일을 다시 찾을 수는 있지만, 작업 과정이 무척 번거로워집니다. 이와 같은 문제를 미리 방지하려면 영상 편집에 사용할 파일은 꼭 하나의 폴더에 모아 정리해 주세요.

TIP

만약 나만의 폴더 정리 방법이 있다면 굳이 사진과 영상 파일을 하나의 폴더에 모을 필요는 없어요. 하지만 영상 편집 작업이 시작된 후에는 파일의 위치 이동, 삭제, 이름 변경은 절대 안 된다는 것을 꼭 명심하세요.

▲ 영상 파일의 저장 위치와 이름을 변경하거나 삭제하면 표시되는 경고 창

프리미어 프로의 단축키 익히기

Ctrl+C, Ctrl+V처럼 많은 사람들이 자주 쓰는 단축키부터 프리미어 프로에서 유용한 단축키까지, 단축키는 많이 알고 있을수록 좋아요. 물론 단축키 사용이 처음에는 익숙하지 않을 수 있어요. 하지만 단축키를 사용한 만큼 영상 편집 작업 시간을 줄일 수도 있고, 편집 실력도 쑥쑥 올라갈 수 있으니 82쪽과 107쪽을 참고하여 유용하게 사용해 보세요.

컴퓨터를 가볍게 만들기

컴퓨터 드라이브의 용량은 최대한 많이 남아 있을수록 프리미어 프로에서 영상 편집을 할 때 컴퓨터가 버벅거리지도 않고, 편집 과정이 끝난 최종 영상을 출력할 때 렌더링 시간도 줄일 수 있어요. 따라서 사용하지 않는 불필요한 파일은 그때그때 지우는 습관을 가지면 좋아요. 단 파일을 삭제할 때는 정말 필요 없는 파일인지 꼭 확인해야 합니다.

컴퓨터 용량 확인하고 불필요한 파일과 프로그램 삭제하기

01 바탕화면의 작업 표시줄에서 [검색] 단추(🔎)를 클릭한 후 검색 창에 『내 PC』를 입력하면 내 컴퓨터의 남은 사용 용량을 확인할 수 있는 창이 열려요.

02 필요 없는 파일과 프로그램을 삭제하기 위해 삭제하려는 파일을 마우스 오른쪽 단추로 클릭하고 [삭제]를 선택하세요. 삭제한 파일은 바탕화면의 '휴지통'으로 옮겨지는데, '휴지통'을 마우스 오른쪽 단추로 클릭하고 [휴지통 비우기]까지 선택해야 파일이 완전하게 삭제되어 컴퓨터의 사용 용량이 늘어납니다.

TIP
키보드의 Delete 를 눌러도 파일을 삭제할 수 있어요.

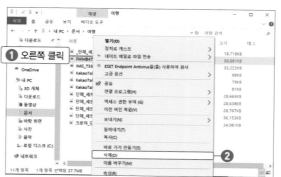
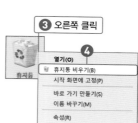

03 작업 표시줄에서 [검색] 단추(🔎)를 클릭한 후 검색 창에 『제어판』을 입력하세요. 제어판이 열리면 [프로그램]-[프로그램 제거]를 클릭하여 사용하지 않는 프로그램을 선택한 후 제거해 주세요.

TIP

자신도 모르는 사이에 중요한 프로그램을 삭제할 수 있으니 잘 확인하고 삭제해야 해요.

3 영상 편집의 시작은 파일 모으기부터!

영상이나 사진, 음악 등 영상 편집에 사용할 파일들을 모으는 작업은 촬영의 끝이자, 편집의 시작이라고 해요. 이제 영상 편집 작업을 본격적으로 시작하기 위해 스마트폰과 카메라 등으로 촬영한 사진과 영상 파일을 다양한 방법으로 컴퓨터로 옮겨볼게요.

USB 케이블로 컴퓨터와 휴대폰을 직접 연결해 파일 옮기기

이 방법은 파일을 옮기는 가장 기본적이고 안전한 방법으로, 화질이 떨어지지 않으면서 한꺼번에 많은 파일을 동시에 옮길 수 있어요. 하지만 USB 케이블이 꼭 필요하다는 단점이 있어요.

구글 드라이브, 네이버 클라우드 등 클라우드 서비스를 사용해 파일 옮기기

클라우드 서비스를 이용하려면 해당 서비스에 가입해야 하고 일정 용량 이상을 사용하면 추가 요금을 결제해야 할 수 있어요. 하지만 클라우드 서비스의 설정 환경에서 파일의 원본 유지를 선택하면 촬영한 사진과 영상의 해상도가 손상되지 않게 파일을 옮길 수 있어요.

카카오톡이나 라인 등 스마트폰용 메신저를 사용해 파일 옮기기

스마트폰용 메신저의 PC 버전을 활용해 파일을 옮기는 방법이에요. 하지만 스마트폰용 메신저 자체에서 용량을 최적화하기 때문에 파일이 옮겨지는 과정에서 화질 열화 현상이 발생하면서 화질이 떨어져서 해상도가 낮아질 수 있어요.

두근두근~
프로젝트 맛보기

영상 편집할 파일을 하나의 폴더에 잘 모아두었나요? 이렇게 모은 영상 파일로 프리미어 프로에서 새 프로젝트를 만들어 보고, 프리미어 프로의 기본적인 기능에 대해서도 배워볼게요. 아직 영상 파일이 준비되지 않았으면 눈으로만 먼저 훑어봐도 괜찮아요.

① 첫 번째 프로젝트 시작하기

프리미어 프로 프로그램을 실행하면 프로그램의 구동 화면과 실행 화면이 순서대로 나타납니다. 실행 화면에서는 New Project(새 프로젝트 만들기)를 할 것인지, 아니면 이전에 만들었던 Open Project(프로젝트 불러오기)를 할 것인지를 꼭 선택해야 해요.

TIP

바탕화면에 프리미어 프로 바로 가기 아이콘이 보이지 않는다면, [시작] 단추(■)를 클릭하고 [Adobe Premiere Pro]를 선택하거나 작업 표시줄에서 구름 모양의 [Creative Cloud](☁)를 클릭하고 [Premiere Pro]를 선택해 프로그램을 실행하세요.

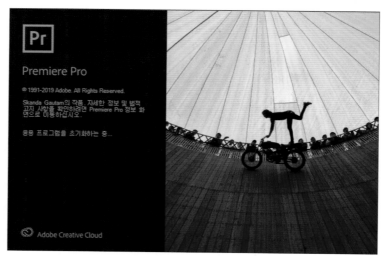

▲ 프로그램의 구동 화면

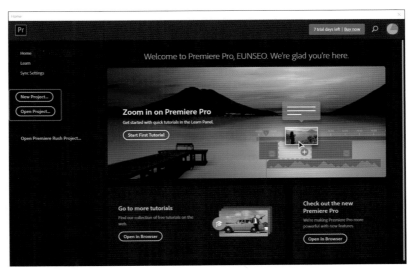

▲ 프로젝트의 실행 화면

만약 제주 여행을 영상으로 만든다면 '2박 3일 제주 여행'이라는 프로젝트에 1일차, 2일차, 3일차의 총 세 가지 영상(시퀀스)을 만들 수 있어요.

여기서 '프로젝트'란, 그림을 그릴 수 있는 종이를 여러 장 엮어놓은 스케치북이라고 생각하면 쉬워요. 즉 한 장 한 장의 종이는 하나하나의 개별 영상(시퀀스)을 의미하고, 이 한 장의 종이를 여러 장으로 엮은 스케치북은 프로젝트에 해당해요. 따라서 하나의 프로젝트 안에서 단 하나의 영상이 아닌 여러 개의 영상을 만들 수 있는 것이죠. 이제 새 프로젝트를 만들어 볼까요?

무작정따라하기 **새 프로젝트 만들기**

01 프리미어 프로를 실행하고 새 프로젝트를 만들기 위해 [New Project]를 클릭하세요.

클릭

02 [New Project] 대화상자가 열리면 'Name'에 원하는 영상 프로젝트의 이름을 입력하고 경로(Location)를 지정하기 위해 [Browse]를 클릭하세요. 윈도우 탐색기 창이 열리면 파일을 저장할 위치를 지정하고 [폴더 선택]을 클릭하세요.

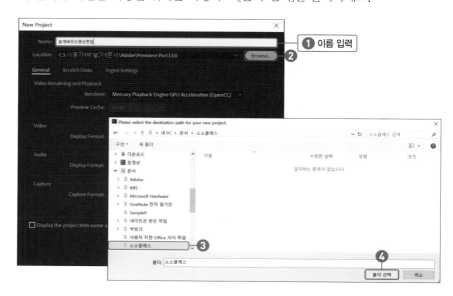

03 [New Project] 대화상자로 되돌아오면 저장 위치를 확인하고 [OK]를 클릭하세요.

2 프리미어 프로의 화면 구성 살펴보기

새 프로젝트가 생성되면 깜깜하고 어두운 화면이 나타납니다. 평소에 자주 사용하는 한글이나 파워포인트 등의 프로그램은 화면이 밝고 환해서 그림이나 표, 도형 등의 메뉴를 쉽게 알아볼 수 있어요. 하지만 프리미어 프로는 어두운 화면이 나타나기 때문에 멈칫하게 되죠. 도대체 영상은 어디에서 편집해야 하는지, 텍스트와 이미지는 어떻게 삽입하는지 초보자라면 전혀 알 수가 없어요.

하지만 겁먹지 마세요. 프리미어 프로를 처음 접할 때는 어색하고 어려워 보여도 사용자 중심의 구조로 영상에 집중할 수 있도록 설계되었기 때문에 사용하다 보면 친숙해질 거예요. 이제 프리미어 프로의 화면 구성을 자세히 살펴볼게요.

전체 화면 살펴보기

프리미어 프로의 전체 화면은 '영상'이라는 그림을 그릴 '책상 위 작업 환경'이라고 생각하면 돼요.

TIP

사용자의 사용 환경에 따라 화면이 다르게 나타날 수 있어요. 하지만 73쪽에서 작업 환경을 정돈하여 통일할 예정이니 너무 걱정하지 마세요. 따라서 아직 패널을 마음대로 이동하지 마세요.

▲ 새 프로젝트를 생성한 후의 화면

❶ **메뉴** : 프리미어 프로에서 실행할 수 있는 명령과 도움말을 메뉴로 구성해 두었어요. 프로젝트 열기와 저장처럼 기본 기능부터 영상 효과 및 작업 환경 구성까지 모든 기능이 포함되어 있어요.

❷ **작업 환경** : [Learning], [Assembly], [Editing], [Color], [Effects], [Audio], [Graphics], [Libraries]를 선택하면 각각의 작업 환경에 맞는 편집 화면이 나타나요.

❸ **패널** : 나뉘져 있는 창([Learn], [Source], [Program], [Project], [Timeline] 등)을 '패널(Panel)'이라고 해요. 각 패널의 이름을 클릭하여 드래그하면 원하는 위치로 이동할 수 있어요.

[Editing] 모드 상태 알아보기

프리미어 프로의 다양한 작업 환경 중 [Editing] 모드를 선택해 영상 편집을 배워볼 거예요. 따라서 [Editing] 모드를 선택하고 해당 작업 환경의 메뉴에 대해 알아볼게요.

여기서는 영상 편집에 꼭
필요한 6개의 패널만 설명
할게요. 필요 없는 패널을
삭제하는 방법은 73쪽을
참고하세요.

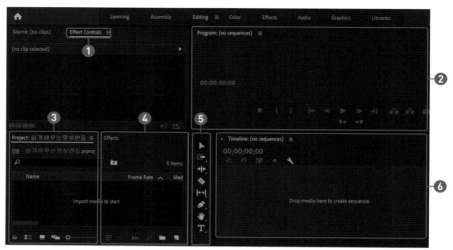

▲ [Editing] 모드를 선택한 화면

❶ **[Effect Controls] 패널** : 영상이나 사진, 자막처럼 편집 중인 소스의 위치나 크기 등의 상세한 값을 조정할 수 있는 패널이에요. [Effects] 패널에서 넣은 효과를 세밀하게 조절하거나 방향을 바꿀 때 사용해요.

❷ **[Program] 패널** : [Timeline] 패널에서 편집하고 있는 영상을 실시간으로 확인할 수 있어요.

❸ **[Project] 패널** : [Project] 패널은 영상 편집에 필요한 사진이나 영상 파일 등의 소스를 모아두는 곳이에요.

❹ **[Effects] 패널** : 영상 효과, 음향 효과, 전환 효과 등 다양한 효과가 담겨 있는 요술상자 같은 패널이에요.

❺ **[Tools] 패널** : 컴퓨터에서 마우스가 손과 같은 역할을 하는 것처럼 [Tools] 패널에는 마우스의 역할을 바꿀 수 있는 여덟 가지 도구가 있어요.

❻ **[Timeline] 패널** : 영상을 자르고 붙이거나 자막을 입히는 등의 다양한 효과를 적용하는 '편집' 패널이에요. 영상 편집할 때 [Timeline] 패널은 정말 자주 사용하는 공간입니다.

③ 나만의 작업 환경 만들기

본격적으로 영상을 편집하기 전에 사용하기 편리한 '나만의 작업 환경'을 만들어 볼 게요. 앞에서 계속 설명한 것처럼 '영상'이라는 '그림'을 그리려면 '프리미어 프로'라 는 '책상'이 필요해요. 그림을 그리기 전에 책상을 깨끗이 정리하고 필요한 도구를 알맞은 위치에 놓아두면 작업이 훨씬 수월해지는 것처럼 프리미어 프로의 다양한 패널을 내 작업 환경에 맞게 미리 편집해 두면 영상 작업이 매우 편리해집니다. 여 기에서는 꼭 필요한 패널만 모아 나만의 작업 환경을 만드는 방법을 살펴볼게요.

 무작정따라하기 | **[Editing] 모드에서 사용자 작업 환경 만들기**

01 작업 모드에서 [Editing]을 선택하고 필요 없는 패널부터 삭제해 볼게요. 삭제할 패 널의 이름을 마우스 오른쪽 단추로 클릭하고 [Close Panel]을 선택하세요. 여기에 서는 [Source], [Effect Controls], [Program], [Project], [Effects], [Timeline] 패 널을 제외한 나머지 패널을 모두 삭제했어요.

TIP

필요한 패널을 실수로 삭 제했다면 당황하지 말고 [Window] 메뉴를 클릭해 보세요. 삭제한 패널을 선 택해 다시 꺼낼 수 있어요.

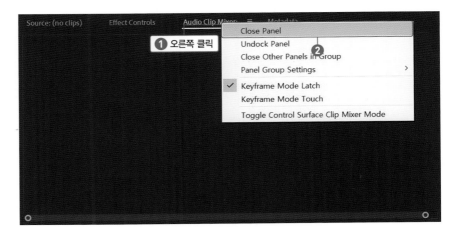

편집 기초

73

02 필요 없는 패널을 삭제한 후 아래의 화면과 같이 패널의 위치를 이동해서 배치하세요. 패널의 이름을 클릭한 상태에서 원하는 위치로 드래그하면 됩니다.

왼쪽 위	오른쪽 위	왼쪽 아래	오른쪽 아래
[Source] 패널, [Effect Controls] 패널	[Program] 패널	[Project] 패널, [Effects] 패널	[Timeline] 패널

03 완성한 나만의 작업 환경을 저장해 볼게요. 작업 환경을 저장해두면 영상 편집 작업을 진행하면서 패널을 삭제하거나 위치를 이동하는 실수를 했을 때 다시 원래대로 되돌릴 수 있어요. 작업 환경을 처음으로 저장하는 것이므로 [Window]-[Workspaces]-[Save as New Workspace] 메뉴를 차례대로 선택하세요.

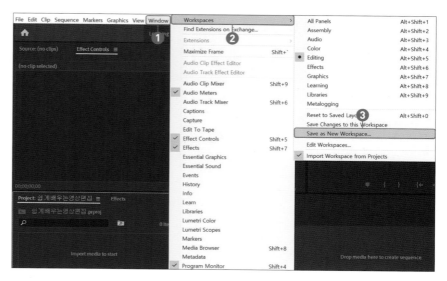

04 새 작업 환경의 이름을 지정할 수 있는 [New Workspace] 대화상자가 열리면 'Name'에 원하는 이름을 입력하고 [OK]를 클릭하세요. 여기서는 이름을 『QuickEDIT』로 지정했는데, 사용자가 원하는 이름이나 닉네임을 사용해 나만의 작업 환경을 저장해 보세요.

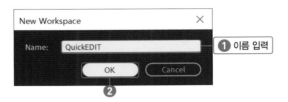

TIP

만약 여기에서 만든 것보다 내 작업 스타일에 더 적합한 작업 환경을 찾았다면 [Window]-[Workspaces]-[Save Changes to this Workspace] 메뉴를 선택하여 수정한 작업 환경을 덮어씌우면 됩니다.

05 저장한 작업 환경이 작업 모드의 맨 마지막에 표시됩니다.

06 영상을 편집하다가 실수로 패널을 드래그하여 위치가 바뀌었다면 세팅한 작업 환경의 이름을 마우스 오른쪽 단추로 클릭하거나 ▤를 클릭한 후 [Reset to Saved Layout]을 선택하세요.

TIP

삭제하지 말아야 할 패널이 지워졌다고 걱정하지 마세요. [Window]-[Workspaces]-[Reset to Saved Layout] 메뉴를 선택하면 패널을 원래의 상태로 되돌릴 수 있어요.

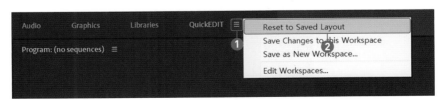

4 [Projcet] 패널로 파일 불러오기

프리미어 프로 화면의 왼쪽 아래에 위치한 [Project] 패널에는 영상, 사진, 음악 등 영상 편집에 사용할 다양한 소스를 모아둘 수 있어요. 이번에는 [Project] 패널에 파일을 불러오는 다양한 방법을 익혀보고 자신에게 가장 편한 방법을 선택하여 영상 편집에 사용할 파일을 [Project] 패널로 모아보세요. 필자의 경우에는 **방법 3**의 드래그 앤 드롭을 가장 많이 사용합니다.

방법 1 클릭

[File]-[Import] 메뉴를 선택하거나 Ctrl+I를 눌러 [Import] 대화상자를 열고 파일을 불러옵니다.

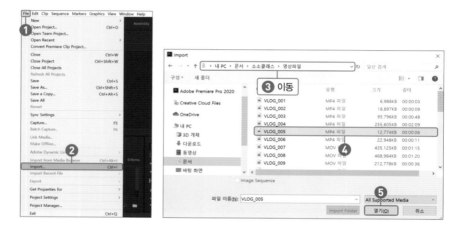

방법 2 더블클릭

[Project] 패널의 빈 공간을 더블클릭하여 [Import] 대화상자를 열고 파일을 불러옵니다.

내 컴퓨터에서 윈도우 탐색기를 열고 [Project] 패널로 파일을 직접 드래그 앤 드롭하세요.

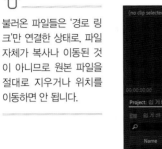

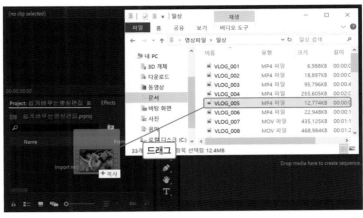

TIP

불러온 파일들은 '경로 링크'만 연결한 상태로, 파일 자체가 복사나 이동된 것이 아니므로 원본 파일을 절대로 지우거나 위치를 이동하면 안 됩니다.

[Project] 패널의 상태 확인하기

[Project] 패널에 사진과 영상, 음악 파일을 모두 불러왔나요? 혹시 아래의 화면이 자신의 화면과 다르다고 너무 당황하지 마세요. 클릭 한 번으로 보기 방식을 바꿀 수 있으니까요. 여기서는 [Project] 패널의 구성에 대해 자세히 알려줄게요.

▲ [List View] 보기 모드( )

▲ [Icon View] 보기 모드( )

[Project] 패널의 [List View]( )를 선택하면 파일의 형식과 이름을 목록 형태로 상세하게 볼 수 있어요. 그리고 [Icon View]( )를 선택하면 사진 및 영상 파일을 섬네일 형태로 미리 확인해 볼 수 있어요.

❶ : 이미지나 사진 파일을 나타내는 아이콘입니다.

❷ : 소리가 녹음되지 않은 타임랩스와 같은 영상을 나타내는 아이콘입니다.

❸ : 소리가 녹음된 영상을 나타내는 아이콘으로, 필름과 음파가 함께 표시된 형태입니다. 우리가 작업하는 대부분의 영상 파일이 여기에 해당됩니다.

❹ : 음파 모양만 표시된 아이콘으로, 소리만 있는 음악, 즉 소리 파일입니다.

❺ : 아이콘의 크기를 조절해서 볼 수 있는 막대입니다. 오른쪽으로 드래그할수록 아이콘 또는 파일의 섬네일을 크게 볼 수 있어요.

▲ [Icon View] 보기 모드(■)

▲ [Freeform View] 보기 모드(■)

영상 파일의 위에 마우스 포인터를 올려놓고 양쪽으로 왔다 갔다 하면 영상이 재생되어 미리 볼 수 있어요. 사진의 경우에는 정지된 화면으로 미리 볼 수 있으며, [Freeform View](■)를 선택하면 타임라인에 배치할 영상 소스들을 원하는 순서대로 자유롭게 배치하여 나만의 스토리보드를 미리 만들어 볼 수 있어요.

5 스케치북 속의 종이, 시퀀스 생성하기

프리미어 프로를 시작하고 파일을 불러오면 영상이 곧바로 '뚝딱' 하고 재생될 것 같지만, 아직까지 우리는 영상을 만들 수 있는 재료만 준비했을 뿐이에요. 진짜 영상을 만들기 위해서는 스케치북 속의 종이, 즉 '시퀀스(sequence)'를 제대로 생성할 수 있어야 합니다. [File]-[New]-[Sequence] 메뉴를 선택해서 시퀀스를 생성하는 것이 가장 일반적인 방법입니다. 하지만 초보자에게는 Timebase, Frame Size, Sample Rate 등의 용어가 매우 복잡하고 어렵게 느껴질 뿐만 아니라 [Settings] 탭을 클릭해 봐도 뾰족한 수가 생기지 않을 거예요.

이 책에서는 세상 가장 쉬운 방법으로 시퀀스 생성에 대해 알려줄게요. 우선 [Project] 패널에 모아놓은 파일 중 하나를 더블클릭하여 [Source] 패널을 열고 미리 보기를 해 보세요. 가로로 넓은 영상인가요, 세로로 긴 영상인가요? 아니면 일대일 정방형의 영상인가요? 무엇이든지 좋아요! 다만 영상의 시퀀스도 종이처럼 A4, B4, 전지, 색종이 등과 같이 다양한 비율과 크기가 있다는 것을 꼭 기억해 두고 가급적 영상 비율을 통일해서 촬영하세요!

> **잠깐만요** **나에게 익숙한 촬영 습관(화면 비율)을 만드세요!**
>
> 영상 편집에 사용할 영상은 통일된 포맷으로 촬영하는 것이 좋아요. 따라서 세로이면 세로, 가로이면 가로와 같이 어떤 비율로 찍을지 미리 정하고 촬영을 시작하세요. 물론 하나의 영상 안에 가로 영상이나 세로 영상을 다양하게 넣어 사용할 수 있지만, 포맷이 들쑥날쑥해져서 시선이 분산되면 영상에 집중하기 어려울 수도 있어요.

▲ 보편적인 16:9 비율의 가로 화면(출처 : 소소SOSO)

▲ 9:16 비율의 세로 화면(출처 : 소소클래스 수강생 에이로그, 민정)

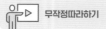

진짜 영상이 될 시퀀스 뚝딱 만들기

01 [Project] 패널로 불러온 파일 중 하나의 영상을 선택하고 아이콘 부분을 더블클릭한 후 [Sources] 패널에 나타난 영상의 비율을 확인해 보세요. 작업하려는 영상의 비율은 가로나 세로로 일정하게 맞추는 것이 좋아요. 이제 [Project] 패널에서 선택한 영상을 [Timeline] 패널의 'Drop media here to create sequence'로 드래그하여 옮겨주세요.

TIP

아직 영상 파일이나 사진을 준비하지 못한 분들을 위해 길벗출판사 홈페이지(www.gilbut.co.kr)의 해당 책 페이지에서 예제 자료(SAMPLE project)를 제공하고 있으니 방문해서 다운로드해 보세요.

02 시퀀스가 잘 만들어졌는지 확인하려면 [Project] 패널에서 ▦ 아이콘을 찾으세요. 이 아이콘이 바로 시퀀스인데, 마치 타임라인을 형상화한 모습입니다. [Project] 패널에서 시퀀스 이름을 더블클릭하면 이름을 바꿀 수 있는데, 원하는 영상의 제목을 입력하면 [Timeline] 패널에도 적용됩니다.

03 시퀀스를 추가로 더 만들고 싶다면 [Project] 패널의 또 다른 영상 파일을 선택하고 [New Item]()으로 드래그하세요. [Timeline] 패널에 시퀀스가 추가되었죠? 이제 **02** 과정과 같은 방법으로 시퀀스 이름을 변경해 보세요.

TIP

만약 [Project] 패널에서 [New Item](■)이 보이지 않는다면 [Project] 패널과 [Tools] 패널의 사이에 마우스 포인터를 올려놓고 드래그하여 창의 크기를 조절해 보세요.

잠깐 만요 **꼭 영상 파일로 시퀀스를 만들어 주세요!**

시퀀스를 만들 때 [Timeline] 패널로 처음 드래그한 파일의 규격대로 영상 포맷이 만들어지므로 신중하게 골라주세요. 대부분의 사진 파일은 영상 파일보다 큰 사이즈로 촬영되기 때문에 사진 파일부터 드래그하여 시퀀스를 만들면 큰 사이즈의 시퀀스로 만들어져서 프로그램이 중간에 끊어지는 현상이 발생할 수 있기 때문이에요.

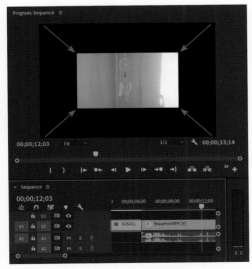

▲ 사진 파일로 시퀀스를 만들어 영상 파일의 사이즈가 줄어든 예

시퀀스까지 만들었으면 바로 타임라인에서 영상을 편집하고 싶겠지만, 우선 자주 사용하는 메뉴의 단축키부터 익혀두는 것이 좋아요. 자신도 모르는 사이에 작업 속도가 200% 이상 향상될 수 있는 필수 단축키를 알아볼게요.

❶ 프로젝트 저장하기 Ctrl + S ([File]-[Save])

[File]-[Save] 메뉴를 선택하거나 단축키 Ctrl + S를 누르면 작업 중인 영상 프로젝트를 저장할 수 있어요. 프로젝트를 만들 때 이미 저장할 경로를 지정했기 때문에 파일을 저장하는 과정에서 폴더 위치를 다시 지정할 필요는 없어요. 영상 편집의 경우 작업 과정이 길기 때문에 몇 시간 동안 정성껏 편집한 작업물이 날아가지 않도록 작업 중간중간에 Ctrl + S를 눌러 프로젝트를 저장하는 습관을 갖는 것이 매우 중요해요.

만약 프로그램이 갑자기 멈춰서 작업한 파일을 저장하지 못했으면 프로젝트를 저장하기로 설정한 경로로 이동해 보세요. 여기에는 'Adobe Premiere Pro Auto-Save' 폴더가 생성되어 있으며, 가장 최근 날짜로 프로젝트가 자동 저장되어 있어요. 이 기능은 모든 파일을 복원해 주지 않으므로 너무 의존하지 말고 Ctrl + S를 자주 눌러 저장해 주세요.

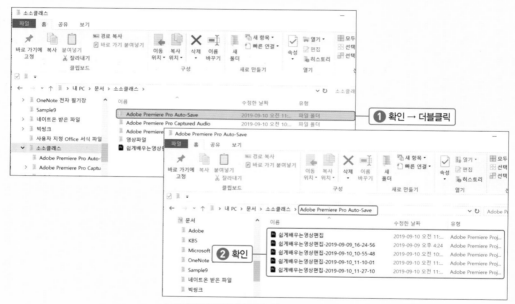

▲ 프리미어 프로의 자동 저장 기능

❷ 프로젝트 열기 Ctrl + O ([File]-[Open Project])

[File]-[Open Project] 메뉴를 선택하면 현재 작업하고 있는 프로젝트가 아닌 기존에 만들어 놓은 프로젝트를 불러올 수 있어요. 작업 중인 프로젝트와 함께 동시에 여러 프로젝트가 열려있지 않도록 필요 없는 프로젝트는 [File]-[Close Project] 메뉴를 선택해서 꼭 닫아주세요.

❸ 프로젝트 닫기 Ctrl + Shift + W ([File]-[Close Project])

한 번에 많은 프로젝트가 열려있으면 작업이 헷갈릴 수 있으므로 한 번에 하나의 프로젝트만 열고 작업하는 것을 추천합니다. 닫으려는 패널이 선택되어 있는 상태에서 [File]-[Close Project] 메뉴를 클릭하면 프로젝트가 닫힙니다.

타임라인의 구조 알아보기

타임라인(Timeline)의 구조는 아주 단순해서 위와 아래로 반을 나누었을 때 **위쪽에는 '보여지는 것'만**, 아래쪽에는 '들리는 것'만 넣을 수 있습니다. 타임라인에서는 트랙을 활용하여 영상 위에 사진을 올리거나 자막을 넣을 수 있어요. 또한 영상과 함께 녹화된 현장 소리뿐만 아니라 배경 음악과 효과음도 추가할 수 있어요.

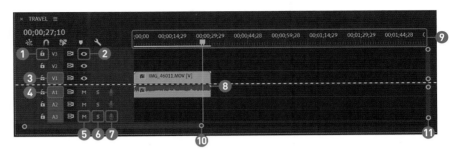

① **Toggle Track Lock(🔒)** : 트랙을 잠가주는 자물쇠 역할로, 🔒를 클릭하면 트랙이 잠기면서 트랙의 모든 것들이 움직일 수 없게 됩니다. 배경 음악이 들어간 트랙의 경우 음악 파일을 삽입하면 움직이지 못하도록 이 기능으로 잠궈줍니다. 촬영한 파일은 영상과 음악이 링크되어 함께 움직이는데, 자물쇠 기능을 잘못 사용하면 예상치 못한 오류를 만날 수 있어요. 예를 들어 V1 트랙은 잠갔는데 A1 트랙은 잠그지 않고 이동했다가 오디오 싱크가 맞지 않는 문제가 생길 수 있으니 주의하세요.

② **Toggle Track Output(👁)** : 👁을 클릭하면 눈을 떴다 감았다 하면서 트랙을 표시하거나 감출 수 있어요.

③ **V1** : 비디오(Video)의 첫 번째 트랙으로, 이후 트랙은 V2, V3와 같이 나타나요. V1 트랙에는 보이는 영상이나 사진, 자막 등을 넣을 수 있는 공간입니다.

④ **A1** : 오디오(Audio)의 첫 번째 트랙으로, 이후 트랙은 A2, A3와 같이 나타나요. A1 트랙에는 들리는 소리, 배경 음악, 효과음 등을 넣을 수 있는 공간입니다. 음악 파일은 타임라인의 위쪽으로는 절대 들어갈 수 없어요. 따라서 '소리'는 Audio 트랙이 위치한 타임라인의 아래쪽에 꼭 넣어주세요.

⑤ **M(Mute Track)** : 선택한 트랙의 소리를 소거해요.

⑥ **S(Solo Track)** : 선택한 트랙의 소리만 들리게 해요.

⑦ Voice-over Record(🎤) : 소리를 녹음합니다. 이 기능을 사용하면 영상에 내레이션을 입힐 때 녹음기가 없어도 프리미어에서 바로 녹음할 수 있어서 편리해요.

⑧ Time Bar : 세로로 긴 막대 모양으로, 정식 명칭은 '타임 인디케이터(Time Indicator)'이지만 '타임 바(Time Bar)'라고도 부릅니다. 트랙에서 타임 바가 위치한 곳의 영상이나 소리 등은 [Program] 패널에서 재생되어 보여집니다. 타임 바는 직접 드래그하거나 Spacebar 를 눌러 영상을 재생시켜서 일정한 속도로 이동할 수 있어요.

⑨ Timeline : 눈금자 형태로 보이는 것이 타임라인으로, 타임 바가 머물러 있는 곳의 시간을 알려줍니다. [Timeline] 패널의 왼쪽 위에 있는 파란색 숫자는 타임코드로, 00:00:00:00(시:분:초:프레임) 시간을 나타냅니다.

⑩ 가로 스크롤 : 이 스크롤은 타임라인에 올려놓은 영상이 많아졌을 때 양쪽으로 이동하면서 편집할 수 있게 해요. 양쪽의 ◎ 를 드래그해서 늘리면 타임라인이 축소되어 한눈에 볼 수 있어요. 이 기능은 키보드의 +, − 를 눌러도 실행할 수 있습니다.

⑪ 세로 스크롤 : 이 스크롤은 V1, V2, V3, V4, V5 등과 같이 트랙이 계속 늘어나 많아졌을 때 위아래의 ◎ 와 ◎ 사이의 공간을 잡고 드래그하면서 트랙을 이동하여 볼 수 있고 ◎ 를 잡고 드래그하면 클립을 크게 확대해 상세하게 볼 수 있어요.

▲ 타임라인이 확대/축소된 상태

▲ 트랙 빈 부분을 더블클릭해 클립 미리 보기

01 76~77쪽을 참고하여 편집할 영상을 [Project] 패널로 모두 불러오세요. 그런 다음 [Timeline] 패널로 차례대로 드래그하여 V1 트랙에 순서대로 넣어주세요.

TIP

V1 트랙에는 컷 편집 영상을, V2 트랙에는 그 위로 들어갈 영상이나 사진을, V3 트랙에는 주로 자막을 배치해야 편리하게 작업할 수 있어요.

02 [Project] 패널에서 파일 보기를 [List View]()로 선택하고 각 파일의 아이콘을 더블클릭하면 [Source] 패널에서 해당 파일의 영상을 미리 볼 수 있어요. 그러므로 [Timeline] 패널로 파일을 옮길 때 반드시 미리 보기로 영상을 확인하면서 타임라인에 넣어주세요.

TIP

트랙의 앞쪽으로 영상을 추가하려면 영상을 [Timeline] 패널로 Ctrl+드래그하여 옮겨오세요. 그러면 기존 영상이 뒤로 밀리면서 추가한 영상이 앞으로 삽입됩니다.

잠깐만요 **타임라인에 영상을 넣을 공간이 없어요!**

여러 개의 영상 파일을 타임라인에 옮기는 과정에서 더 이상 넣을 공간이 없으면 타임 바를 뒤쪽으로 이동하거나 가로 스크롤의 ⬤를 오른쪽으로 드래그하여 타임라인을 축소시킨 후 나머지 영상을 차례대로 넣어주세요.

▲ ⬤를 오른쪽으로 드래그하여 타임라인을 축소시킨 모습

편집기초

⑥ 영상 자르고 붙이기

V1 트랙에 영상을 가지런히 배치했으면 Shift + I 를 누르거나 타임 바를 00:00:00:00으로 이동해 처음부터 재생해 보세요. 아마 영상이 전체적으로 너무 길거나 지루해 보이지 않나요? 우리가 주로 시청하는 드라마와 영화, 그리고 유튜브의 영상은 필요 없는 부분은 없애고 부족한 부분은 보충하는 등 여러 차례의 수고스러운 영상 편집 과정을 거쳐 탄생한 작품이에요. 따라서 이제부터는 우리의 영상도 '작품'이라고 생각하고 방송 PD 혹은 영화감독이 된 것처럼 NG컷과 OK컷을 골라내는 작업을 해 볼게요.

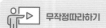 무작정따라하기 | **진짜 편집의 시작, 영상 잘라내고 붙이기**

01 Shift + I 를 눌러 타임라인의 V1 트랙에 이어놓은 영상의 맨 처음으로 이동한 후 Spacebar 를 눌러 영상을 재생하세요. 편집이 필요한 부분을 찾으면 다시 Spacebar 를 눌러 재생을 멈춥니다.

TIP

타임 바를 이동해서 편집이 필요한 부분을 찾아도 됩니다.

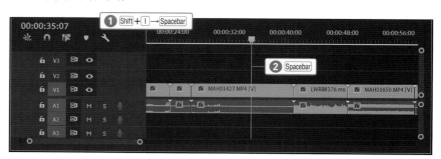

02 편집할 영상 중 특정 클립의 앞뒤를 잘라내고 중간 부분만 살린다고 가정해 볼게요. 클립의 앞이나 뒤로 마치 칼집이 난 듯한 부분(▮)에 마우스 포인터를 올려놓으면 ▶ 또는 ◀ 모양으로 바뀌는데, 이 상태에서 자르고 싶은 만큼 화살표 방향으로 드래그하세요.

TIP

잘라낼 부분에 타임 바를 위치해 놓고 해당 위치까지 드래그하면 약간의 스냅이 걸리면서 원하는 구간까지 정확하게 자를 수 있어요. 만약 스냅이 걸리지 않으면 자석 모양의 [Snap in Timeline](🧲)을 클릭해 활성화시켜 주세요.

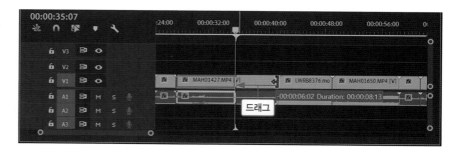

03 영상의 앞부분이 잘리면서 공간이 비면 잘린 영상을 앞쪽으로 드래그하여 붙여서 공간을 메꾸세요. 이와 같이 자르고 붙이는 과정은 한 땀 한 땀 정성이 필요한 부분입니다.

TIP

잘라낸 영상의 뒤쪽에 또 다른 영상이 너무 많아 공간 메꾸기가 힘들다면 빈 공간을 클릭하고 ←Backspace를 눌러보세요. 그러면 뒤쪽의 영상이 모두 따라오면서 빈 공간이 메꿔질 거예요.

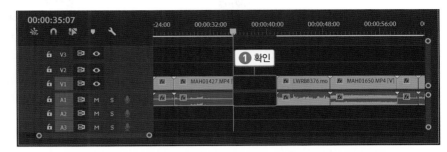

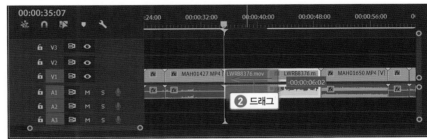

04 이번에는 클립의 앞과 뒤를 남기고 중간 부분만 자르기 위해 [Tools] 패널에서 [Razor Tool]( )을 선택하세요. 이 도구는 영상을 자르는 칼의 역할을 하는데, 영상과 함께 음성도 잘립니다. 마우스 포인터가 모양으로 변하면 [Timeline] 패널의 클립 위에 올려놓고 잘라낼 시작점을 클릭하세요.

TIP

[Razor Tool]( )의 단축키는 C입니다. 자주 쓰는 툴이니 단축키를 익혀두세요.

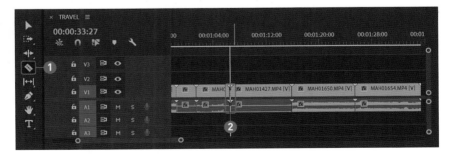

05 이와 같은 방법으로 잘라낼 마지막 부분도 클릭하여 표시하세요.

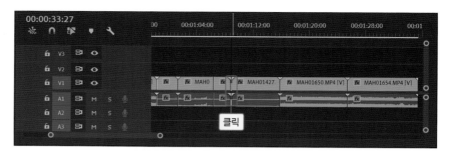

06 [Tools] 패널에서 [Selection Tool](▶)을 클릭해 마우스 포인터의 모양이 바뀌면 [Timeline] 패널에서 지울 부분을 선택하고 마우스 오른쪽 단추로 클릭한 후 [Cut]을 선택하거나 Backspace를 누르세요. 영상이 지워져 생긴 빈 공간을 클릭하고 Backspace를 눌러 메꿔줍니다.

TIP

[Selection Tool](▶)의 단축키는 V입니다.

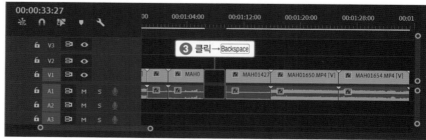

7 배경 음악 삽입하기

일상 또는 여행 영상의 경우 영상과 어울리는 음악부터 선택한 후 영상 편집 작업을 해 보세요. 음악의 흐름에 맞춰 영상을 편집할 수 있어 좀 더 재미있게 작업할 수 있어요. 단 유튜브나 공유 목적으로 영상을 만드는 경우에는 134쪽을 참고해 저작권과 무료 음원을 다운로드하는 방법을 알아보세요.

 무작정따라하기 ┃ **음악 파일 삽입하고 편집하기**

01 [Project] 패널로 영상을 불러왔던 방법으로 영상에 삽입할 음악을 [Project] 패널로 불러오세요.

TIP

[Project] 패널에 영상을 불러오는 방법이 생각이 나지 않는다면 76쪽을 참고하세요.

클릭

02 [Project] 패널로 불러온 음악 파일을 더블클릭하여 실행하고 [Source] 패널에서 [Play-Stop Toggle](▶)을 클릭해 음악을 미리 들어보세요.

TIP

▶을 클릭하면 음악이 재생되면서 ■로 바뀝니다. 다시 ■를 클릭하면 음악 재생이 멈춰요.

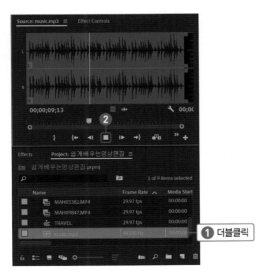

❶ 더블클릭

03 [Project] 패널로 불러온 음악을 [Timeline] 패널로 드래그해 볼게요. 이때 A1 트랙으로 드래그하면 V1 트랙으로 옮겨놓은 영상 소리의 위로 덮어쓰기되므로 A3 트랙에 배치합니다.

TIP

A2 트랙에는 영상 소리 외에 추가로 위에 올릴 효과음을 넣어줍니다. 이것은 필자의 방식일 뿐이니 자신만의 규칙을 만들어 보세요.

04 음악 파일도 영상 클립처럼 편집할 수 있으므로 재생될 영상의 길이만큼 음악 파일의 재생 길이를 자르세요. 편집 작업을 완료했으면 배경 음악이 잘리거나 밀리는 경우를 대비해 83쪽에서 설명한 것처럼 [Toggle Track Lock]( )을 클릭하여 배경 음악을 잠그세요.

TIP

음악 파일을 자르고 붙이는 방법도 86쪽에서 설명한 영상 파일의 자르고 붙이기와 같아요.

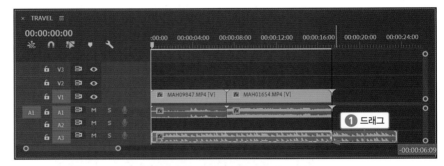

TIP

배경 음악을 영상 길이만큼 잘라내지 않으면 최종 출력되는 영상의 뒷부분에는 검은색 배경에 음악만 계속 나오게 되므로 주의하세요.

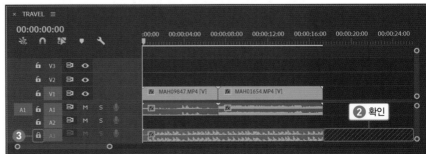

8 영상의 속성 알아보고 꾸미기

영상을 자르고 붙이는 작업을 끝냈으면 영상의 크기나 위치, 투명도 등을 변경해서 영상을 예쁘게 꾸며볼게요. 이 모든 작업은 영상의 속성 값을 확인할 수 있는 [Effect Controls] 패널에서 할 수 있어요.

[Effect Controls] 패널의 'Motion' 옵션

[Effect Controls] 패널은 영상의 기본적인 효과를 조절할 수 있는 패널로, 복잡해 보이지만 영상의 크기와 위치, 투명도 등의 속성 값을 변경하는 방법만 알면 얼마든지 영상을 예쁘게 꾸밀 수 있어요. [Timeline] 패널의 영상 중 하나를 선택하고 [Effect Controls] 패널을 살펴보세요.

TIP

[Effect Controls] 패널의 속성 값이 오른쪽 화면처럼 보이지 않는다면 [*fx*] 옆의 ▽와 ▷를 클릭해 하위 메뉴를 펼쳐주세요.

▲ [Effect Controls] 패널의 'Motion' 옵션

❶ **Position** : 영상의 위치를 이동할 수 있어요. 앞부분의 숫자는 X축(가로), 뒷부분의 숫자는 Y축(세로)입니다.

❷ **Scale** : 영상의 크기를 조절할 수 있어요. [Uniform Scale]의 ∨ 표시를 해제하면 가로(Height)와 세로(Width) 비율을 각각 다르게 조절할 수 있어요.

❸ **Rotation** : 영상을 회전시킬 수 있어요.

❹ **Anchor Point** : 영상의 중심점으로, 크기를 조절하거나 회전할 때의 영상의 중심축을 변경할 수 있어요.

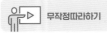
01 [Timeline] 패널의 영상 중에서 크기나 위치를 바꾸고 싶은 클립을 선택하세요. 그런 다음 [Effect Controls] 패널을 클릭해 속성 값을 확인합니다.

02 선택한 클립의 크기를 줄여볼게요. [Effect Controls] 패널의 'Motion'에서 'Scale'의 [100.0]을 [40.0]으로 변경하고 Enter를 누르거나 빈 곳을 클릭하여 영상 크기가 작아졌는지 확인해 보세요.

03 이번에는 영상의 위치를 이동해 볼게요. 'Position'의 X축 또는 Y축의 숫자에 마우스 포인터를 올려놓으면 가 나타나는데, 이때 마우스를 양옆으로 드래그하면서 속성 값을 변경할 수 있어요. 속성 값 조절이 어렵다면 'Position'을 클릭해 [Program] 패널의 영상을 선택한 상태에서 마우스로 위치를 직접 움직여 이동해도 돼요.

TIP

'Position'에 위치한 2개의 숫자 중 앞의 숫자는 X축 (가로)의 위치를, 뒤의 숫자는 Y축(세로)의 위치를 표시합니다.

편집 기초

04 속성 값을 변경한 영상은 인트로 또는 섬네일로 응용할 수 있어요.

TIP

오른쪽 그림처럼 영상의 섬네일을 만드는 방법은 141쪽에서 알려줄게요.

9 자막 넣기

영상에 배경 음악도 넣고 영상 크기와 위치도 바꾸어 꾸몄지만, 아직은 허전한 느낌이 든다면 영상에 자막을 입혀보세요. 자막의 위치와 글꼴, 글자색 등에 따라 똑같은 영상도 다르게 보일 수 있으며, 허전해 보이는 영상에 자막만 넣어도 완성도가 높아지는 효과를 얻을 수 있어요. 여기서는 몇 번의 클릭만으로도 다양한 디자인의 자막을 만들 수 있는 아주 쉬운 방법을 알려줄게요.

▲ 다양한 크기와 글꼴, 서로 다른 위치에 지정된 자막 효과

[Effect Controls] 패널의 'Text' 옵션

[Effect Controls] 패널에서는 영상의 속성 값뿐만 아니라 자막의 글꼴과 자간, 행간, 글자색, 그림자, 위치 등을 조절할 수 있어요. [Timeline] 패널에 텍스트를 추가해야 [Effect Controls] 패널에 아래와 같은 속성 값이 나타나요. 우선 자막 넣기 실습 전에 각 속성 값이 무엇인지 눈으로만 보세요. 대부분의 메뉴들이 그림으로 표시되어 있어 이해하기 쉽도록 한글로 속성을 설명해 줄게요.

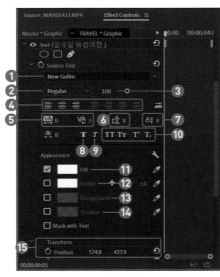

❶ 글꼴
❷ 서체 굵기
❸ 글자 크기
❹ 정렬
❺ 자간
❻ 행간
❼ 기준선 이동
❽ 진하게
❾ 기울임
❿ 첨자
⓫ 글자색
⓬ 외곽선(색과 굵기)
⓭ 배경색
⓮ 그림자
⓯ 자막 속성(위치, 크기, 회전, 불투명도 등)

▲ [Effect Controls] 패널의 'Text' 옵션

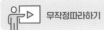
01 [Tools] 패널의 맨 아래쪽에 위치한 [Type Tool](🔳)을 클릭하세요. [Program] 패널의 영상에서 자막을 입력할 부분을 클릭하면 빨간색 박스가 보이죠? 이제 [Timeline] 패널에도 'Graphic'이라는 클립이 생겼어요.

TIP

[Program] 패널에서 자막을 직접 입력하기 위해 영상 위를 여러 번 클릭하면 클릭한 만큼 계속 새로운 자막이 생성되므로 꼭 한 번만 클릭하세요.

02 영상에 어울리는 자막을 입력하면 [Timeline] 패널의 'Graphic' 클립에도 입력한 자막이 표시됩니다. 자막을 모두 입력했다면 [Tools] 패널의 [Selection Tool](▶)을 클릭하세요.

03 이제 [Effect Controls] 패널에서 자막의 속성 값을 바꿔볼게요. 패널의 스크롤을 아래쪽으로 드래그해서 'Text'를 찾으세요. 'Text' 옆의 괄호 안에 **02** 과정에서 쓴 자막이 보이면 서체를 바꾸기 위해 'Source Text'의 목록 단추(■)를 클릭하여 원하는 서체를 선택하세요. 'Apprearance'에서 글자색이나 외곽선 색도 바꿔보세요.

TIP

'서체견본'이라고 쓰여 있는 서체만 한글 글꼴을 지원해요. 한글을 지원하지 않는 서체를 선택하면 자막이 □ □ □ □와 같이 입력됩니다.

04 [Timeline] 패널에서도 'Graphic' 클립의 길이를 늘이거나 줄여서 자막이 재생될 시간만큼 조절할 수 있어요. 여기서는 인트로 영상에서만 자막이 표시되도록 자막의 지속 시간을 줄였어요.

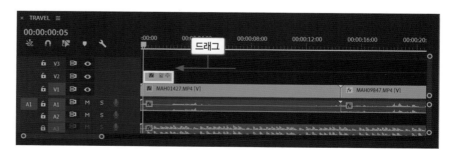

🔟 영상 편집의 마무리, 익스포트

여기까지 잘 따라왔나요? 영상 편집 중간중간마다 Ctrl + S를 눌러서 열심히 작업 중인 프로젝트가 날아가지 않도록 꼭 저장해 주세요. 이제 드디어 편집한 프로젝트를 '영상 파일'로 만들어 볼 거예요. 이 과정은 한글에서 문서 작업한 것을 PDF로 변환하거나 A4용지로 인쇄하는 것과 비슷한 과정으로, '익스포트(Export)'라고 불러요.

 무작정따라하기 | **편집 작업을 완료한 영상 내보내기**

01 [Timeline] 패널을 선택한 상태에서 [File]-[Export]-[Media] 메뉴를 선택하거나 Ctrl + M을 누르세요.

잠깐만요 **익스포트 전에 꼭 읽어보세요!**

[Export Settings] 창이 열리면 복잡하고 어려워 보이는 용어로 가득할 거예요. 하지만 딱 두 가지만 기억하면 되는데, 포맷과 프리셋을 [H.264]와 [Match Source - High bitrate]로 선택하세요. 그러면 내가 만든 시퀀스와 같은 설정 환경에서 영상을 만들 수 있도록 도와주고, 업로드하기에 적당한 용량과 화질을 가진 영상으로 출력할 수 있어요. 이때 영상 파일은 mp4 확장자로 지정됩니다.

02 화면의 오른쪽에 영상 출력을 설정할 [Export Settings] 창이 열리면 오른쪽에 있는 속성 값 중에서 'Format'은 [H.264]로, 'Preset'은 [Match Source − High bitrate]로 지정하세요. 그런 다음 영상 파일이 저장될 경로를 지정하기 위해 'Output Name' 옆의 파란색 글씨를 클릭하세요.

03 [Save As] 대화상자가 열리면 영상 파일을 저장할 경로를 지정하고 [저장]을 클릭하세요. 이때 지정한 경로는 꼭 기억해야 해요.

TIP

만약 영상 파일을 저장할 경로를 지정하지 않거나 잊어버린다면, 익스포트한 최종 영상 파일을 찾지 못해 다시 렌더링해야 하는 문제가 생길 수 있어요.

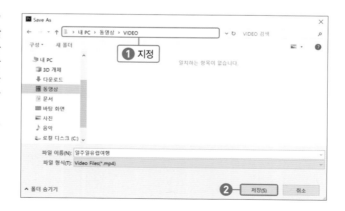

04 [Export Settings] 창에서 [Export]를 클릭하여 영상 내보내기를 완료하세요.

05 영상이 출력될 동안 잠시 기다렸다가 **03** 과정에서 지정한 경로에서 영상을 확인해 보세요. 영상이 출력되는 시간은 컴퓨터 사양, 내가 만든 영상의 길이, 타임라인에 올린 클립이나 그래픽의 개수 등에 따라 천차만별이어서 짧게는 몇 분 내외이고 길게는 몇 시간이 걸릴 수 있어요.

Upgrade

프리미어 프로,
금손으로 뚝딱 업그레이드하기

영상 편집 스킬로
작업 속도 UP!

Part 04에서 배운 프리미어 프로의 기초를 토대로, 자신의 영상에서 약간 부족해 보였던 부분을 채울 프리미어 프로의 고급 기능을 익혀볼게요. 고급 기능이라고 해서 어려울까봐 미리 겁먹고 걱정할 필요는 없어요. 여기서 알려주는 데로 따라하기만 해도 영상이 저절로 업그레이드되는 걸 느낄 수 있을 테니까요. 알면 알수록 재미있는 영상 편집의 세계로 함께 출발해 볼까요?

1 시퀀스에 대해 제대로 알기

시퀀스(Sequence)는 '영상'이라는 그림을 그리는 '종이'의 역할을 한다고 배웠어요. 즉 내가 편집하는 영상의 틀이 되어 주는 것이 바로 시퀀스입니다. 따라서 영상 편집을 시작하기 전에 어떤 모양의 종이에 그림을 그릴지 결정해야 해요. 가로가 긴 종이가 될 수도 있고, A4용지처럼 세로가 긴 종이 혹은 가로와 세로 비율이 같은 정사각형의 종이를 선택할 수도 있어요.

TIP

시퀀스를 생성하는 방법은 80쪽을 참고하세요.

시퀀스를 생성하려면 프리미어 프로를 실행하고 [File]−[New]−[Sequence] 메뉴를 선택한 후 시퀀스 설정 값을 선택해야 합니다. 이 경우 'Frame Rate'나 'Pixel Ratio'와 같이 이름이 어려운 메뉴까지 구체적으로 설정해야 하는데, 이 과정에서 많은 사람들이 제대로 영상 편집을 시작해 보지도 못하고 영상 제작이 어렵다고 느끼게 돼요.

따라서 Part 04에서는 시퀀스를 처음 접하는 초보자들이 포기하지 않도록 가볍게 설명만 하고 넘어갔어요. 하지만 기초 과정을 무사히 끝낸 만큼 Part 05에서는 자주 사용하는 인스타그램이나 유튜브 영상의 예를 들어 시퀀스 설정에 대해 이해하기 쉽게 자세히 알려줄게요.

시퀀스의 기본 값 생성하기

[Project] 패널로 불러온 영상 중 하나를 클릭해서 [Timeline] 패널의 'Drop media here to create sequence'로 드래그하여 옮기면 시퀀스가 만들어집니다.

시퀀스가 생성되었으면 기본 설정 값을 살펴보기 위해 [Sequence]-[Sequence Settings] 메뉴를 선택하여 시퀀스의 기본 값으로 설정되어 있는 [Sequence Settings] 대화상자를 여세요. 이때 [Timeline] 패널이 선택되어 있지 않으면 [Sequence Settings] 메뉴가 비활성화 상태여서 선택할 수 없으니 주의하세요.

▲ [Sequence Settings] 대화상자 열기

잠깐만요 **한 프로젝트 안에 여러 개의 시퀀스를 만들 수 있어요!**

하나 이상의 시퀀스가 이미 만들어져 있을 때 시퀀스를 추가로 만들려면 [Project] 패널의 파일을 [New Item]()으로 드래그하세요.
한 시퀀스에 삽입된 영상 클립의 수가 너무 많거나 영상 클립의 촬영 비율이 다를 때 시퀀스마다 나누어 편집하면 매우 편리해요.

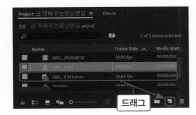

드래그

시퀀스 설정 환경 살펴보기

시퀀스를 처음 만들 때는 [Sequence Settings] 대화상자의 설정 값을 모두 입력해야 합니다. 처음 보는 어려운 용어가 많아서 어리둥절하겠지만, 여기서 설명하는 항목의 몇 가지 설정만 알고 있으면 문제 없답니다.

▲ [Sequence Settings] 대화상자의 'Video' 설정하기

❶ Editing Mode : 자주 쓰는 영상 포맷을 템플릿처럼 사용할 수 있도록 만든 메뉴입니다.

❷ Timebase : 29.970이나 23.976과 같은 숫자는 영상 1초당 넘어가는 프레임의 수를 의미해요. 영상은 수많은 이미지가 차례대로 넘어가면서 움직이는 것으로, 29.97은 1초당 약 30장의 프레임이 움직이고 있다는 의미예요. 이 값은 자신이 자주 사용하는 영상, 즉 촬영된 카메라의 세팅 값과 같게 설정하면 됩니다. 29.97은 드라마와 같은 방송 매체에서, 23.976은 영화에서 많이 사용하는 프레임 수에요.

❸ Frame Size : 시퀀스 설정 중 가장 중요한 메뉴로, 이것만 제대로 알아도 시퀀스에 대해 잘 이해한 거예요. 앞쪽 숫자(1920)는 가로 값을, 뒤쪽 숫자(1080)는 세로 값을, 그리고 마지막 숫자인 16:9는 현재 시퀀스의 비율을 나타냅니다. 유튜브 영상뿐만 아니라 대부분의 영상 매체에서 가장 많이 사용하는 비율은 가로로 긴 영상입니다. 이 외에도 세로로 긴 영상, 인스타그램용 정방형 영상 등의 비율도 많이 사용하고 있어요.

❹ Pixel Aspect Ratio : 'Frame Size'에서 설정한 1920*1080은 '픽셀(pixel)'이라는 매우 작은 점이 가로에 1,920개, 세로에 1,080개 있다는 뜻이에요. 이 설정 값도 촬영 영상의 설정 값과 같게 지정하면 되는데, 주로 'Square Pixels(1.0)'를 사용합니다.

❺ Fields : 'No Fields (Progressive Scan)'로 설정되어 있어야 렌더링했을 때 '주사선'이라는 지저분한 것이 보이지 않아요. 혹시 다른 값으로 설정되어 있으면 [No Fields]로 변경해 주세요.

❻ Display Format : [Timeline] 패널을 프레임 수로 볼 것인지, 00:00:00과 같이 타임코드로 볼 것인지 정할 수 있어요. 우리는 타임코드 방식이 익숙하기 때문에 [fps Timecode]로 바꿀 겁니다. 따라서 설정 값이 '29.97 frames/second'로 되어 있으면 [29.97 fps Non-Drop-Frame Timecode]로 바꿔주세요.

TIP

아날로그 TV, 즉 옛날 텔레비전을 카메라로 촬영하면 화면 속에 검은색 줄이 표시되는 것을 보았을 거예요. 이런 여러 개의 가로 줄을 '주사선'이라고 해요.

2 가장 많이 사용하는 세 가지 시퀀스 설정 값

촬영한 영상의 값은 무엇이고, 어디를 어떻게 조절해야 할지 모르겠다면 여기서 알려주는 대로만 입력하세요. 자주 사용하는 시퀀스 설정 값을 세 가지로 정리해 보았는데, 편하게 작업하고 싶으면 영상 비율에 따라 'Frame Size' 값을 복사 & 붙여넣기하세요. 단 'Timebase'는 촬영한 영상과 똑같이 설정해 주면 좋아요.

유튜브 업로드용 가로 & 세로 영상 시퀀스 설정하기

'Editing Mode'를 [Custom]으로 선택하고 가로 영상의 비율인 16:9로 설정하기 위해 'Frame Size'에 '1920*1080'이나 '1280*720'을 입력하세요. 이와 같은 방법으로 'Editing Mode'를 [Custom]으로 선택하고 세로 영상의 비율인 9:16으로 설정하기 위해 'Frame Size'에 '1080*1920'이나 '720*1280'을 입력하세요.

▲ 가로 영상 비율을 16:9로 설정하기

▲ 세로 영상 비율을 9:16으로 설정하기

인스타그램 업로드용 정방형 영상 시퀀스 설정하기

정방형 영상의 비율은 1:1이에요. 'Editing Mode'를 [Custom]으로 선택하고 'Frame Size'에 '900*900'이나 '500*500'을 입력하세요.

TIP

인스타그램에 업로드하는 영상은 1분을 넘지 않도록 주의하세요.

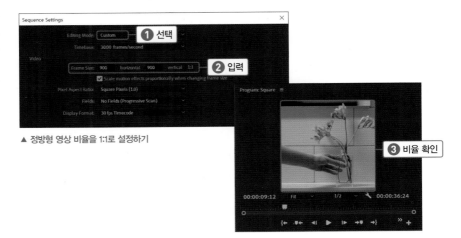

▲ 정방형 영상 비율을 1:1로 설정하기

01 프레임의 개념을 확실하게 이해하기 위해 스톱 모션 영상을 만들어 볼게요. 작업중인 영상 프로젝트의 [Sequence Settings] 대화상자에서 'Editing Mode'에는 [Custom]을, 'Timebase'에는 [12.00 frams/second]를, 'Display Format'에는 [Frames]를 지정하고 [OK]를 클릭하세요. 'Frame Size'는 사용 목적에 맞게 지정하세요.

TIP

스톱 모션(stop motion)이란, 영상을 연속적으로 촬영하는 것이 아니라 단일 프레임 반복 재생하여 이어붙인 편집 기법을 말해요. QR 코드를 찍어 스톱 모션 영상을 확인해 보세요

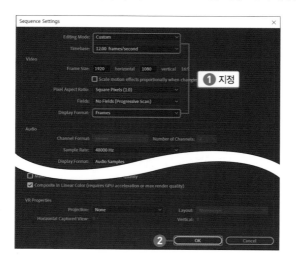

02 [Program] 패널에서 [Play-Stop Toggle] 단추(▶)을 클릭하여 영상을 재생해 보세요. 1초에 30장이 넘어가면서 부드럽게 재생되었던 영상이 1초에 12장씩 넘어가게 되어 뚝뚝 끊기는 느낌으로 재생됩니다. 따라서 영상에 스톱 모션 효과를 주려면 'Timebase'에서 1초당 넘어가는 프레임 수를 줄여야 합니다.

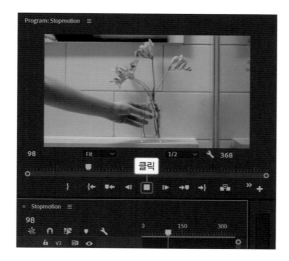

3 작업 속도를 빠르게 하는 영상 편집 필수 단축키

촬영한 영상은 한 땀 한 땀 자르고 이어붙이는 과정을 거쳐야 비로소 하나의 작품이 완성됩니다. 이와 같이 영상 편집은 단 몇 분 만에 뚝딱 이루어지지는 않지만, 이제부터 알려주는 몇 가지 편집 꿀팁만 제대로 활용해도 작업 시간을 훨씬 빠르게 단축시킬 수 있어요.

단축키 사용이 처음에는 어색할 수 있지만, 익숙해지면 마우스 사용보다 훨씬 더 편리하므로 꼭 익혀두고 반복해서 사용해 보세요. 우선 키보드의 [한/영] 변환키를 눌러 입력 상태를 반드시 영문으로 지정해야 합니다.

TIP

눈으로만 보지 말고 단축키를 한 번씩 꼭 눌러보면서 기능을 익혀보세요.

[+], [-]

영상 편집을 한눈에 보기 위해 [Timeline] 패널에서 클립의 크기를 자유자재로 조절할 줄 알아야 해요. [Timeline] 패널을 선택하고 [-]를 누르면 모든 클립의 크기가 줄어 영상 전체를 살펴볼 수 있고, [+]를 누르면 특정 클립만 확대해서 볼 수 있어 편해요. [Timeline] 패널에서 [Ctrl]+[A]를 누르면 전체 영상과 사진, 자막 클립을 한꺼번에 모두 선택할 수 있어요.

[~]

[~]를 누르면 마우스 커서가 위치한 패널을 확대 또는 축소시킬 수 있어요. 내가 만든 영상을 크게 확대해 미리 보고 싶을 때, [Timeline] 패널이나 [Project] 패널이 너무 작아서 크게 보고 싶을 때 [~]를 유용하게 쓸 수 있어요. 한 번 더 [~]를 누르면 원래 크기대로 되돌아옵니다.

[A]

[A]는 [Tools] 패널의 [Track Select Forward Tool](➡)의 단축키입니다. [A]를 누르고 [Timeline] 패널의 클립 중 이동하려는 클립을 선택하면 해당 클립과 함께 뒤쪽에 위치한 클립까지 모두 선택됩니다.

TIP

[Tools] 패널의 'Track Select Forward Tool'(➡)을 꾸욱 길게 누르면 뒤쪽 클립이 아닌 앞쪽 클립을 선택할 수 있는 'Track Select Backward Tool'로 바꿔 설정할 수 있어요.

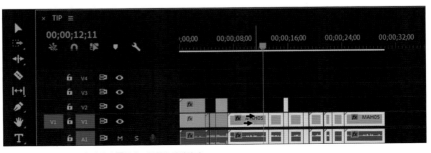

▲ 선택하려는 클립의 맨 앞에서 [A]를 눌러 클립 선택하기

Ⓒ, Ⓥ

Ⓒ와 Ⓥ는 영상을 잘라내는 '칼'과 손의 역할을 하는 '마우스 포인터'의 단축키예요. 대부분의 영상은 [Tools] 패널의 [Selection Tool(V)](▶)이 선택된 상태에서 편집해요. 또 단축키 Ⓥ 다음으로 가장 많이 사용하는 툴은 Ⓒ입니다. Ⓒ는 [Razor Tool(C)](◈)의 단축키로, 영상을 잘라내는 칼이라고 생각하면 돼요. 따라서 [Tools] 패널의 [Selection Tool(V)](▶)과 [Razor Tool(C)](◈)을 왔다 갔다 하면서 클릭할 필요 없이 Ⓒ와 Ⓥ 단축키를 활용하면 영상 편집 시간을 크게 줄일 수 있어요.

Ⓐlt + Backspace

영상에 칼집을 내고 해당 클립을 선택한 후 Backspace를 누르면 해당 클립이 지워집니다. 이때 영상 뒤쪽의 빈 공간을 메꾸려면 Backspace를 한 번 더 눌러야 해요. 하지만 잘라낼 클립을 선택하고 Ⓐlt + Backspace를 누르면 클립의 삭제와 동시에 뒤쪽에 남은 공간도 깔끔하게 메꿔집니다. 따라서 Ⓐlt + Backspace를 사용하면 클립 삭제하기와 클립 당겨오기의 두 가지 일을 한 번에 처리할 수 있어요.

Ⓠ, Ⓦ

Ⓒ와 Ⓥ 단축키만 알아도 편집 시간이 단축되지만, Ⓠ와 Ⓦ 단축키까지 알아둔다면 편집의 신세계를 경험할 수 있답니다. 이 단축키는 세 가지 일을 한 번에 수행하는 아주 기특한 단축키인데, 일단 [Timeline] 패널에서 한 번 사용해 보고 무슨 기능인지 맞춰보세요. Ⓠ를 누르면 타임 인디케이터(타임 바)를 기준으로는 왼쪽(앞) 영상이, Ⓦ를 누르면 타임 바를 기준으로 오른쪽(뒤) 영상이 지워집니다. 단 Ⓠ를 눌러 지워지는 영상은 바로 이전 컷까지이고, Ⓦ를 눌러 지워지는 영상은 바로 다음 컷까지입니다. 이때 특정 클립이 선택되어 있으면 단축키가 실행되지 않으니 주의하세요.

앞에서 배운 단축키를 바탕으로 쉽게 설명해 볼게요. [Timeline] 패널의 영상에서 Ⓒ와 Ⓥ를 사용해 잘라낼 클립을 선택한 후 Ⓐlt + Backspace를 누르면 필요 없는 클립이 지워지면서 동시에 빈 공간도 채워지는데, 이 복잡한 과정이 Ⓦ 단축키 하나로 끝나요. 이때 내가 작업할 트랙이 제대로 선택되어 있는지 꼭 확인하는 것을 잊지 마세요.

TIP

Ⓠ와 Ⓦ 단축키 사용법이 잘 이해되지 않는다면 QR 코드를 실행해 영상 강의로 익혀보세요.

Ctrl + 드래그

Ctrl + 드래그는 뒤쪽에 위치한 클립을 앞으로 이동하거나 클립과 클립 사이에 삽입할 때 사용해요. Ctrl을 누르지 않고 클립을 그대로 드래그해서 이동하면 기존 클립 위에 덮어쓰기가 되어 이미 있던 영상이 삭제됩니다. 이것은 편집에 익숙하지 않은 초보자들이 흔히 하는 실수죠.

따라서 Ctrl을 누른 상태에서 이동할 클립을 선택하여 원하는 위치로 드래그하면 아래 그림과 같이 화살표가 생성되는데, 이 상태에서 원하는 자리에 놓아주면 클립과 클립 사이에 선택한 클립이 추가됩니다. 이 기능을 모른다면 하나의 클립을 움직이기 위해 뒤쪽의 영상을 모두 밀어준 다음에 추가해야 하므로 매우 번거로워요. 그러므로 앞으로도 매우 유용하게 사용할 Ctrl을 꼭 기억해 두세요.

▲ Ctrl + 드래그해 클립 이동하기

▲ 클립이 추가되면서 기존 클립이 뒤로 밀리는 경우

Ctrl + Shift + V

Ctrl + Shift + V 는 Ctrl + 드래그와 같은 기능으로, 문서를 작성할 때 많이 사용하는 붙여넣기(Ctrl + V) 기능을 프리미어 프로에서도 똑같이 사용할 수 있어요. 즉 Ctrl + C 로 복사한 클립을 Ctrl + Shift + V 를 눌러 붙여넣으면, 기존에 위치해 있던 클립이 뒤로 밀려나면서 복사한 클립이 끼워 넣어져요.

Ctrl + Z

만약 작업한 내용이 잘못되어 취소하고 싶다면 Ctrl + Z 를 눌러 작업 전 단계로 바로 이동할 수 있어요.

Shift

여러 개의 클립을 한꺼번에 선택하고 싶다면 Shift를 누른 상태에서 클립을 선택하세요.

Alt

[Timeline] 패널에서 아무 클립도 선택되지 않은 상태일 때 Alt 를 누르면서 소리 또는 영상 클립을 선택해 보세요. 원래 영상과 소리는 묶여 하나로 움직이기 때문에 소리 클립을 선택하면 영상도 하나로 선택됩니다. 하지만 Alt 를 누른 상태에서 소리 또는 영상 클립을 선택하면 클릭한 클립만 선택되어 영상만 남기고 소리를 삭제하는 등의 개별 작업을 할 수 있어요.

▲ 하나로 묶여 있는 영상과 소리 클립   ▲ Alt 를 눌러 소리 클립만 선택하기

TIP

Alt 의 또 다른 기능 중 하나는 속성 값을 그대로 유지한 상태에서 영상을 덮어쓰는(대치) 것입니다. [Project] 패널의 영상 중 하나를 선택하고 이미 [Timeline] 패널에 삽입된 영상 위로 Alt 를 누른 상태에서 옮기면 새 영상이 속성 값 그대로 대치됩니다.

Alt + 드래그

클립을 선택한 상태에서 Alt 를 누르고 다른 시간으로 옮기면 굳이 Ctrl + C , Ctrl + V 를 반복할 필요 없이 클립이 바로 하나 더 복사돼요. 특히 동일한 형태의 하단 자막을 반복적으로 넣어야 할 때 Alt +드래그하면 매우 편리해요.

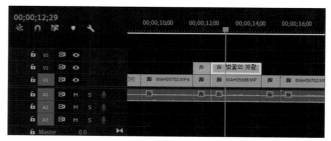

▲ 자막 클립 선택 후 Alt +드래그해 복사하기

▲ Alt 를 사용하여 동일한 형태의 하단 자막 넣기

110

R

[Timeline] 패널을 선택한 상태에서 R을 누르면 영상의 재생 속도를 빠르거나 느리게 조절할 수 있는 [Tools] 패널의 [Rate Stretch Tool](🔳)의 단축키입니다. 기능이 같은데, R을 누르면 마우스 포인터가 🔆 모양으로 변합니다. 이때 영상 재생 속도를 빠르게 조절할 클립의 끝부분에 마우스 포인터를 올려놓고 ♣ 모양으로 바뀌면 클릭한 상태에서 앞쪽으로 드래그해 보세요.

▲ R을 눌러 재생 속도를 바꿀 클립 선택하기

클립의 길이가 짧아졌죠? 하지만 줄어든 길이만큼 뒷부분의 영상이 삭제된 것이 아니라 영상이 재생 속도가 빨라진 것이니 너무 걱정하지 마세요. 예를 들어 7초 동안 보여졌던 영상이 2초 만에 휘리릭 보여지면서 길이가 짧아진 거예요. 클립 이름의 옆에 '500%'와 같이 표시되었다면 원래 속도였던 100%를 기준으로 5배 이상 빨라진 영상이라는 뜻입니다.

TIP

R 단축키 사용법이 잘 이해되지 않는다면 QR 코드를 실행해 영상 강의로 익혀보세요.

반대로 영상의 재생 속도를 느리게 하려면 R을 누르고 속도를 느리게 해 줄 클립의 끝부분을 클릭한 후 뒤쪽으로 드래그하여 영상의 길이를 늘리세요. 재생 속도를 빠르게 할 때는 클립의 크기가 줄어들어 빈 공간을 메꾸어 주면 되지만, 속도를 느리게 할 때는 클립의 크기가 늘어나기 때문에 뒷부분에 충분한 공간 확보가 필요해요. 앞에서 배운 단축키 A를 활용해 뒷부분에 공간을 만들어 준 후 재생 속도를 느리게 조절해 보세요. 클립 이름 옆에 '50%'로 표시된다면 2배 느려진 영상이라는 의미겠죠?

편집 활용

01 프리미어 프로에서 기본 세팅된 단축키가 불편하다면 나에게 익숙한 키를 직접 등록하여 사용할 수 있어요. [Edit]-[Keyboard Shortcuts] 메뉴를 선택하세요.

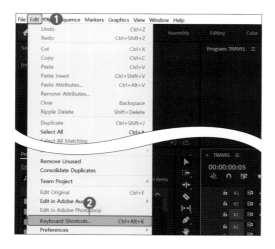

02 키보드가 나타나면 바꾸고 싶은 단축키 명령어를 찾아 변경해 주면 돼요. 여기서는 단축키 C와 V를 하나의 단축키로 만들어 편집 속도를 빠르게 조절해 볼게요. 검색 창에 『Add Edit』를 입력하세요.

TIP

만약 키보드가 한글 자판으로 표시된다면 오른쪽 위에 위치한 'Layout'의 [ko]를 [en]으로 바꿔주세요.

TIP

만약 단축키를 바꿀 때 이미 해당 단축키로 지정된 기능이 있다면 경고 문구가 나타나요. 하나의 단축키로 여러 기능을 중복하여 사용할 수 없으니 주의하세요.

03 'Add Edit'의 'Shortcut' 중 'Ctrl+K'는 원래 프리미어 프로에 지정된 단축키이지만, 이 해당 단축키는 서로 거리가 멀어 한 손으로 동시에 선택하기 어려우므로 자주 사용하는 C와 V 가까이에 있는 X로 바꿔볼게요. [Ctrl+K]를 클릭해 글씨와 테두리가 파란색으로 변하면 키보드의 X를 눌러 입력하세요. 만약 화면의 아래쪽에 'Mark Clip과 중복되는 단축키'라는 경고 메시지가 나타나면 파란색 글씨를 눌러 'Mark Clip'에 지정된 단축키는 삭제하고 여기서 지정한 'Add Edit'로 변경하세요.

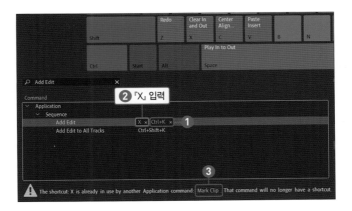

04 단축키를 지정했으면 'Ctrl+K'를 삭제하고 'X'만 남긴 후 [OK]를 클릭하세요. 이제 편집하고 싶은 클립 위에 타임 바를 놓고 $\boxed{X}$를 누르면 타임 바가 있는 부분이 정확하게 잘라집니다.

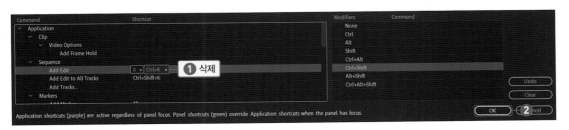

영상 크기 확대 및 축소 단축키 지정하기

포토샵이나 에프터 이펙트에서는 영상을 확대해서 볼 수 있는 기능이 단축키로 지정되어 편리하지만, 프리미어 프로에서는 직접 영상 배율을 클릭해 바꿔줘야 해서 매우 불편해요. [Shortcuts] 대화상자의 검색 창에 『Zoom』을 입력하고 'Program Monitor Panel'을 찾아주세요. 확대 기능인 'Zoom Monitor In' 옆의 빈 공간을 클릭해 파란색 입력 상자가 생기면 『.』를 입력하세요. 『.』는 에프터 이펙트의 확대 단축키이기도 합니다. Insert 기능과 중복된다는 경고 메시지가 나타나면, 잘 사용하지 않는 기능이므로 과감하게 파란색 글씨를 눌러 바꿔주세요. 'Zoom Monitor Out'은 『,』를 입력해 바꾸는데, 똑같은 단축키라도 사용하는 패널이 다르면 중복되게 지정할 수 있어요.

한 끗 차이로
달라지는 영상 퀄리티!

이제 영상 편집에 대한 자신감이 조금 붙었나요? 그러면 전문가의 느낌을 살짝 내볼게요. 별것 아닌 기능 같아 보여도 밋밋해 보이는 영상을 드라마나 영화 느낌으로 보정할 수 있는 마법 같은 효과를 알려줄게요. 또한 내가 만든 영상의 볼거리를 풍성하게 만들어 줄 자막이나 배경 음악과 같은 다양한 효과도 함께 배워보겠습니다.

1 영화 영상처럼 디지털 색 보정하기

영상에 자막을 넣는 작업보다 색 보정을 먼저 설명하는 이유는, 더욱 재밌게 편집하기 위해서예요. 내 눈에 예뻐 보이는 영상으로 작업해야 편집할 맛도 나고, 시간이 오래 걸리는 자막 편집도 뚝딱 해낼 수 있기 때문이죠. 우리가 촬영한 영상은 그 자체만으로도 예쁘고 아름답지만, 편집 과정을 통해 정성을 쏟을수록 더욱 멋진 작품이 될 수 있어요.

[Effects] 패널에서도 색을 보정할 수 있지만, 색 보정에 매우 효과적인 [Lumetri Color] 패널에서 작업하는 것을 추천합니다. [Window]–[Lumetri Color] 메뉴를 선택하여 화면의 오른쪽에 [Lumetri Color] 패널을 여세요. [Lumetri Color] 패널에는 설정 사항이 매우 많은 것 같지만, 모든 기능을 알 필요가 없고 핵심 기능만 알아도 웬만한 보정은 할 수 있으니 자주 사용하는 기능만 간추려서 살펴볼게요.

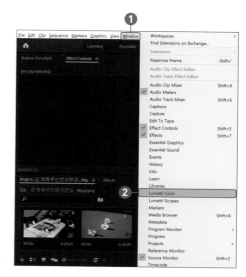

[Lumetri Color] 패널의 [Basic Correction] 탭

색 보정 기능이 모여있는 탭으로, 스마트폰의 사진 보정 앱과 기능이 비슷해요. 영상의 전체적인 색감을 자동으로 통일할 수 있으며, 하이라이트나 채도 등을 조절할 수 있어요.

▲ [Basic Correction] 탭의 설정 화면

1 **White Balance** : 'WB Selector'의 스포이트 툴(🖊)을 클릭한 후 [Program] 패널의 영상에서 흰색 부분을 클릭하면 해당 부분을 기준으로 실제 색감과 비슷하게 맞춰줍니다. 이 기능을 이용해 화이트 밸런스를 맞춘 후 'Temperature'와 'Tint' 값을 조절하면서 원하는 색감으로 맞추는 것을 추천합니다.

2 **Tone** : 노출, 대비, 하이라이트, 섀도, 채도 등을 조절하여 색을 밝게 또는 어둡게 조절할 수 있어요. 'Highlights'는 밝은 부분을 더 밝게 하거나 어둡게 하는 기능으로, 하늘의 구름과 같이 디테일한 부분을 살릴 때 주로 사용해요. 반면 'Shadows'는 어두운 부분을 더 밝게 하거나 어둡게 하는 기능으로, 조절한 값에 따라 필름 효과의 감성 사진 느낌을 줄 수 있어요.

[Lumetri Color] 패널의 [Creative] 탭

[Lumetri Color] 패널의 [Creative]를 클릭하면 [Program] 패널의 영상이 미리 보기 형태로 보여요. 이때 영상의 양쪽에 있는 화살표(◀, ▶)를 클릭하면 색감이 바뀌는 것을 확인할 수 있습니다. 마음에 드는 색감을 찾았으면 미리 보기 영상을 클릭하여 [Program] 패널의 진짜 영상에 적용해 보세요.

▲ [Creative] 탭의 설정 화면과 실제 영상에 적용한 모습

[Lumetri Color] 패널의 [RGB Curves] 탭

[Lumetri Color] 패널의 [RGB Curves] 탭에서는 대각선을 기준으로 흰 곡선을 드래그하여 밝기와 어둡기를 조절합니다. 대각선의 위쪽은 밝은 영역이고, 아래쪽은 어두운 영역입니다. 그리고 파란색 원(■)을 선택하여 파란색 곡선을 움직이면 밝은 부분을 파랗게, 어두운 부분은 보색으로 노랗게 만들 수 있어요. 색감은 주로 'White Balance'로 조절하는데, 여기서는 밝기 정도만 보정하는 것이 좋아요.

▲ 중간 밝기의 영역을 노랗게 설정하기

▲ 중간 밝기의 영역을 푸르게 설정하기

[Lumetri Color] 패널의 [Vignette] 탭

[Lumetri Color] 패널의 [Vignette] 탭에서는 영상의 테두리에 효과를 줄 수 있어요. 'Amount' 값을 왼쪽으로 드래그하면 가장자리가 어둡게 되고, 오른쪽으로 드래그하면 밝아져요. 이 외의 값을 조절하여 테두리를 둥글거나 각지게, 또는 부드럽고 자연스럽게 만들 수 있어요.

▲ [Vignette] 탭의 'Amount' 조절하기

▲ 영상에 다양한 테두리 효과를 준 예

 무작정따라하기 **[Lumetri Color] 패널에서 색 보정하기**

TIP

작업 모드 중 [Color]를 선택하여 색 보정 작업을 해도 됩니다. 하지만 불필요한 패널까지 모두 나타나 프로그램이 느려지거나 갑자기 종료될 수 있으므로 73쪽에서 만들었던 [QuickEDIT] 작업 모드를 권장해요.

01 [Quick EDIT] 작업 모드가 선택된 상태에서 [Window]-[Lumetri Color] 메뉴를 선택하세요.

02 화면의 오른쪽에 있는 [Lumetri Color] 패널이 열리면 [Timeline] 패널의 타임 바를 움직여서 색을 보정하고 싶은 클립을 선택하세요. [Lumetri Color] 패널의 세부 설정 값을 조절해 보면서 활성화시켜 원하는 대로 보정해 보세요.

TIP

타임 바가 반드시 색을 보정하려는 클립에 위치해야 보정되는 모습을 실시간으로 확인할 수 있어요.

03 [Effect Controls] 패널에서 'Lumetri Color'의 [fx]를 클릭해 보정 전과 후를 비교해 보세요.

04 만약 보정한 영상이 마음에 들지 않는다면 [Effect Controls] 패널의 [Lumetri Color]를 마우스 오른쪽 단추로 클릭하고 [Cut] 또는 [Clear]를 선택하여 효과를 지워주세요.

영상 편집

잠깐만요 **색을 보정하는 도중에 컴퓨터가 자꾸 꺼져요.**

컴퓨터 사양이 낮아 색 보정 작업 도중에 컴퓨터가 자꾸 꺼진다면 다소 무거운 [Lumetri Color] 패널이 아닌 [Effects] 패널의 [Video Effects]에서 『Brightness & Contrast』, 『Color Balance』, 『RGB Curves』를 검색해 영상을 넣어준 후 속성 값을 조절해 보세요.

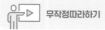
01 [Project] 패널의 오른쪽 아래에 위치한 [New Item](■)을 클릭하고 [Adjustment Layer]를 선택하세요.

02 [Adjustment Layer] 대화상자가 열리면 자신이 만든 시퀀스에 맞춰 이미 설정되어 있으므로 [OK]를 클릭하세요.

03 [Project] 패널에 'Adjustment Layer'가 생성되었으면 이 레이어를 활용해 여러 개의 영상 색감을 동시에 보정할 수 있어요. 'Adjustment Layer'를 [Timeline] 패널의 V2 트랙으로 옮기고 보정하려는 V1 클립의 길이만큼 드래그해서 늘리세요.

TIP

촬영한 영상마다 컨디션이 달라 약간씩 달라 보일 수 있지만, 전체의 톤을 비슷하게 맞춰주는 것만으로도 훨씬 전문가 느낌을 낼 수 있어요.

04 'Adjustment Layer'를 선택한 상태에서 [Lumetir Color] 패널의 설정 값을 조절해 기존 영상보다 환하게 만들어 보세요.

TIP

'Adjustment Layer'도 영상 클립처럼 길이를 자르고 자른 부분마다 구간을 나누어 색을 각각 다르게 보정할 수 있어요.

05 영상의 특정 위치에서 설정 값을 입력해도 전체 영상이 동일하게 보정되었는지 확인해 보세요.

영상미를 살리는 색 보정 꿀팁 대방출!

여러 가지 설정 값을 조절해 보면서 자신이 원하는 색감을 직접 만들어 보라고 했지만, 초보자에게는 쉽지 않을 수 있어요. 값을 조절할수록 필터를 씌운 것처럼 답답해 보이고 보정이 잘 된 영상인지 헷갈리게 됩니다. 따라서 필자가 주로 사용하는 색 보정 설정 값을 알려줄게요. 그대로 따라하기만 해도 영상미가 확 살아날 거예요.

필자는 자연스러운 영상을 선호하기 때문에 주로 'Basic Correction'과 'Curves'만 사용해서 보정해요. 유독 노란 색감이 많이 들어간 경우 살짝 푸르게 하는 정도로 화이트 밸런스를 조절하고, 밝은 영상을 좋아하기 때문에 'Exposure'를 0.5~1 정도로 적당히 높여줍니다.

대비는 명확한 것보다 부드러운 것을 좋아해서 'Contrast'는 살짝 낮춰주는 편이에요. 만약 노출 값을 올리면서 색상이 날아갔다면 'Highlights'는 조금 낮춰주고요, 'Shadows'는 보통 조금 밝게 높여주죠. 하지만 'Whites'와 'Blacks'는 아주 밝아서 하얀 부분, 아주 어두워서 검은색이 된 부분을 조절해 주기 때문에 자주 사용하지 않아요. 'Saturation'은 채도인데, 자연의 쨍한 색감을 표현하지 않는 이상 대부분 살짝 낮춰야 영상이 촌스럽지 않아 오래 보기 좋아요. 너무 어두운 영상은 'Curves'를 이용해 한 번 더 밝혀주기도 한답니다.

▲ 색 보정 전(왼쪽)과 후(오른쪽)

▲ 색 보정 전(왼쪽)과 후(오른쪽)

2 단조로운 영상을 화면 전환 효과로 업그레이드하기

화면 전환(트랜지션)은 영상의 색 보정만큼 영상 퀄리티를 높여주는 효과입니다. 영상의 시작 부분이 서서히 밝아지거나, 끝 부분이 서서히 어두워지면서 검은색 화면으로 끝나는 효과, 또는 영상과 영상이 부드럽게 넘어가면서 감성적으로 비춰지는 다양한 화면 전환 효과를 배워볼게요.

 무작정따라하기 | **서서히 어두워지는 영상 만들기**

01 화면의 왼쪽 아래에 위치한 [Effects] 패널에서 [Video Transitions]를 더블클릭하거나 ▶를 클릭하세요. 다양한 효과 목록 중 [Dissolve]를 더블클릭하고 파란색 테두리의 [Cross Dissolve]를 선택해 V1 트랙의 영상 맨 끝으로 드래그하여 넣으세요.

TIP

'Cross Dissolve' 효과를 영상의 맨 앞에 넣으면 영상이 어두워서 보이지 않다가 나타날 거예요.

02 영상을 재생해 보면 서서히 어두워지면서 사라집니다. V1 트랙의 'Cross Dissolve' 효과 앞쪽에 마우스 포인터를 올려놓고 왼쪽으로 드래그하거나 더블클릭해 [Set Transition Duration] 대화상자를 열고 직접 화면 전환 효과 시간을 지정할 수 있어요.

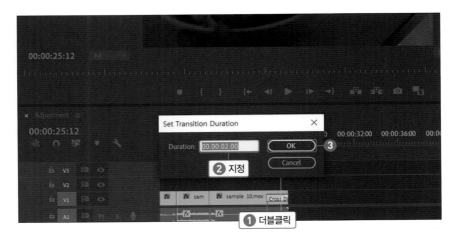

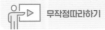

앞뒤 영상이 교차하는 전환 효과 적용하기

01 'Cross Dissolve' 효과는 앞뒤의 영상을 교차로 보여주는 트랜지션 효과로, 영상과 영상 사이에 배치하면 앞의 영상이 뒤의 영상과 겹쳐 보이면서 바뀝니다. 영상과 영상 사이에 화면 전환 효과를 지정하기 위해 화면 전환 효과를 적용할 영상의 앞과 뒤를 잘라내세요. 앞쪽 클립의 뒤와 뒤쪽 클립의 앞을 잘라내어 생긴 빈 공간을 Backspace 를 눌러 이어 붙이세요.

원본 영상의 맨 뒤와 맨 앞이 모두 재생되면 화면 전환 효과를 소화할 여유 프레임 수가 부족해서 효과를 적용할 수 없기 때문에 영상의 앞과 뒤를 조금씩 잘라내는 것이 좋아요.

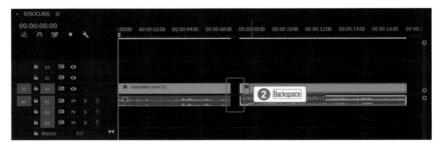

02 [Effects] 패널에서 [Video Transitions]-[Dissolve]-[Cross Dissolve]를 선택해 영상과 영상의 사이에 넣어주세요.

타임라인이 너무 축소되어 있으면 화면 전환 효과가 제대로 적용되었는지 알 수 없어요. 이 경우에는 키보드의 + 를 눌러 [Timeline] 패널을 확대해서 적용한 효과를 확인해 보세요.

03 화면 전환 효과의 앞부분에 커서를 올려놓고 영상 클립처럼 빨간색 커서로 바뀌면 전환 효과 시간을 조절해서 전환 효과를 완성하세요.

무작정따라하기 **영상을 밀어내는 전환 효과 적용하기**

01 'Cross Dissolve' 효과 외에도 다양한 전환 효과를 적용해 보세요. 영상을 밀어내는 전환 효과를 적용하려면 [Effects] 패널에서 [Video Transitions]−[Slide]−[Push]를 선택하여 타임라인의 영상 클립과 클립 사이에 삽입하고 효과 시간을 조절하세요.

02 [Timeline] 패널의 'Push' 효과를 선택한 상태에서 [Effect Controls] 패널의 'Show Actual Sources'에 ∨ 표시해 영상을 미리 보기하고 화면을 밀어내려는 방향의 화살표를 선택하세요. 이렇게 화살표를 클릭하여 화면을 밀어내는 방향을 변경할 수도 있고, 'Border Width'와 'Border Color'에서 화면이 전환할 때 나타나는 선의 굵기와 색상을 조절할 수도 있어요.

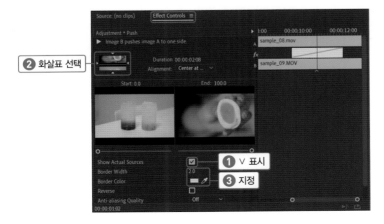

영상이 동그랗게 교차되는 효과 적용하기

01 영상이 동그랗게 교차되는 효과를 적용하려면 [Effects] 패널에서 [Video Transitions]−[Iris]−[Iris Round]를 선택하세요. 이 효과도 [Effect Controls] 패널에서 선을 추가하거나 [Reverse]에 ∨ 표시해서 전환 효과의 방향을 바꿀 수 있어요.

TIP

프리미어 프로에서 제공하는 기본 화면 전환 효과 외에도 유튜브에서 'Premiere Transition free'를 검색하면 다양한 화면 전환 효과 템플릿을 다운로드할 수 있어요.

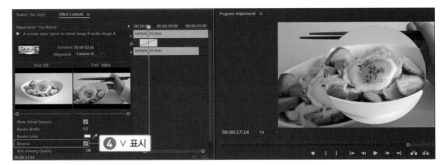

02 적용한 트랜지션 효과가 마음에 들지 않으면 V1 트랙에서 해당 효과를 클릭하고 Backspace를 눌러 효과를 제거하세요.

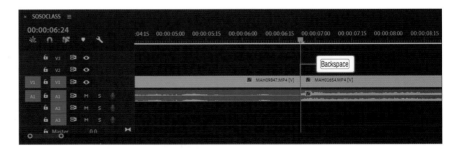

예능 프로그램처럼 영상 자막 만들기

'Part 04. 프리미어 프로의 기초, 영상 편집 가볍게 끝내기'에서는 [Tools] 패널의 [Type Tool](**T**)을 이용해 자막을 만든 후 [Effect Controls] 패널에서 자막의 글꼴이나 글자색, 그림자 등의 다양한 효과를 적용했어요. 여기서는 [Essetial Graphics] 패널을 활용해 좀 더 쉽고 편리한 방법으로 예능 효과를 낼 수 있는 영상에 자막을 만들어 볼게요.

[Essential Graphics] 패널

[Window]−[Essential Graphics] 메뉴를 선택하면 화면의 오른쪽에 자막을 편집할 수 있는 [Essential Graphics] 패널이 나타나요. [Effect Controls] 패널에서 열심히 스크롤하면서 찾았던 자막 디자인의 속성 값이 [Essetial Graphics] 패널에서는 한눈에 펼쳐지기 때문에 작업 시간이 훨씬 더 빨라질 거예요.

▲ [Essential Graphics] 패널의 속성 값

❶ **Align and Transform** : 자막을 자동으로 정렬하거나 클릭 한 번만으로 영상의 정중앙에 자막을 배치할 수 있어요. 그리고 자막의 위치, 회전, 불투명도 등 다양한 속성 값을 설정할 수 있어요.

❷ **Text** : 자막의 폰트, 크기, 정렬, 자간 행간 조절, 기울임 등 자막을 다양하게 디자인할 수 있어요.

❸ **Appearance** : 'Fill', 'Stroke', 'Shadow'에 ∨ 표시하면 자막의 색상, 외곽선, 그림자 등을 조절하면서 독특하고 입체감 있는 글씨를 만들 수 있어요. 각 설정 값의 오른쪽에 있는 스포이트 툴(🖊)을 이용해 영상을 클릭한 후 색을 추출하면 자막의 색이 영상 속의 색 중 하나의 색과 같아져서 자막과 영상이 훨씬 더 조화롭게 됩니다. 아직 색에 대한 감각이 부족하다면 이 방법을 꼭 써 보세요.

01 [Window]-[Essential Graphics] 메뉴를 선택하면 화면의 오른쪽에 자막을 편집할 수 있는 [Essential Graphics] 패널이 나타나요.

TIP

자막에 이모티콘을 넣는 방법은 198쪽에서 알려줄 게요.

02 [Essential Graphics] 패널의 [Edit] 탭을 클릭하고 [New Layer](▤)-[Text]를 선택해서 자막 레이어를 만드세요.

TIP

95쪽에서 설명한 것처럼 [Tools] 패널의 'Type Tool(T)'(▥)을 클릭하고 [Program] 패널의 영상을 직접 클릭하여 자막 클립을 만들어도 됩니다.

03 [New Layer]()-[Text]를 두 번 더 클릭해서 모두 세 개의 자막을 만들었어요. [Timeline] 패널을 자세히 살펴보면 선택한 타임 바의 뒤에는 하나의 클립만 생성되어 있지만, 이 클립 안에는 세 개의 자막이 동시에 들어있어요. 생성한 자막의 구도를 예쁘게 디자인하기 위해 위치를 조절하고 자막 텍스트를 수정해 보세요.

TIP

[Tools] 패널에서 [Selection Tool(V)](▶)을 선택하고 각각의 자막을 선택해 위치를 옮긴 후 [Type Tool(T)] (T)을 클릭해서 자막을 수정하면 됩니다.

04 자막을 예쁘게 디자인해 볼까요? [Essential Graphics] 패널의 [Edit] 탭에서 각각의 자막 레이어를 선택하면 패널의 아래쪽에 수많은 속성 값이 나타나는데, 127쪽에서 설명한 속성 값을 참고하여 디자인해 보세요. 이때 여러 개의 자막을 삽입했으면 수정할 자막을 정확하게 선택해서 작업해야 엉뚱한 자막이 설정되지 않아요.

05 인트로 페이지 느낌이 나도록 영상을 책 표지처럼 만들어 봤어요. 제목이 돋보이게 각지고 투박한 산돌격동고딕체를 사용했고, 'Vlog'에는 귀여운 서체인 네이버 무료 폰트인 나눔손글씨펜체를, 바코드 모양의 서체는 영문 폰트를 자유롭게 다운로드 할 수 있는 다폰트닷컴에서 설치하여 적용했어요.

TIP

글꼴은 인터넷에서 무료 나눔 폰트를 다운로드하거나 유료 사이트에서 구입할 수 있어요. 글꼴만으로도 영상의 퀄리티나 분위기가 크게 달라져 보여요. 하지만 상업적으로 글꼴을 이용할 경우에는 사용이 제한될 수 있으므로 사용 범위를 잘 알아서 사용해야 해요. QR 코드를 실행해 추천 글꼴을 살펴보세요.

06 자막 디자인까지 완성했으면 영상과 자막이 일치하도록 [Timeline] 패널에서 자막 클립을 조절하세요. 자막이 영상 컷에 딱 맞지 않으면 갑자기 끊겨서 튀어 보일 수 있고, 영상과 영상 사이의 빈 곳에 자막 클립만 있으면 화면이 검게 나오므로 주의하세요. 만약 자막에 적용한 디자인이 마음에 들지 않거나 잠깐 보류하려면 해당 자막 레이어의 앞에 표시된 ◉를 클릭하세요. ◈와 같이 표시되면 영상에서 감춰집니다. 레이어를 선택한 후 오른쪽 단추로 클릭해 [Enable]의 V 표시를 해제하면 해당 레이어가 보이지 않게 돼요. 만약 다시 활성화시키고 싶다면 같은 방법으로 V 표시를 하면 됩니다.

가독성도 좋고 디자인도 예쁜 자막을 만드는 꿀팁!

대화성 자막이나 정보성 자막과 같이 가독성이 높아야 하는 자막의 경우에는 글자와 글자 사이 간격인 자간과 글의 줄과 줄 사이 간격인 행간을 딱 붙기 직전까지 좁게 지정해야 글자가 더욱 단단해 보이고 가독성도 더 좋아집니다. 아래의 영상 자막을 보면서 비교해 보세요.

▲ 자간을 기본 설정 값으로 지정한 영상 자막

▲ 자간을 좁게 지정한 영상 자막

하지만 제목의 역할을 하는 자막은 텍스트 'VENEZIA'처럼 자간을 일부러 넓게 지정해서 가독성보다는 디자인에 중점을 두어 보기 좋게 꾸밀 수도 있어요.

▲ 디자인 요소로서 자간을 넓게 지정한 자막

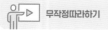
01 [Essential Graphics] 패널에서는 자막뿐만 아니라 도형을 삽입할 수 있어요. [Edit] 탭에서 [New Layer](▣)–[Rectangle]이나 [Ellipse]를 선택하세요. 이때 'Rectangle'은 사각형이고 'Ellipse'는 원형이에요.

TIP

[Tools] 패널에서 [Pen Tool](✎)을 클릭하여 원하는 도형을 직접 그릴 수 있어요.

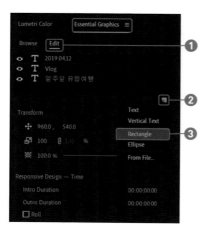

02 [Essential Graphics] 패널에 'Shape 01' 레이어가 생기면서 [Program] 패널의 영상에 사각형이 삽입됩니다. 도형 작업을 하려면 'Shape 01'이 꼭 선택된 상태여야 해요.

03 [Tools] 패널에서 [Selection Tool(V)]()을 선택하고 영상에 삽입된 도형을 직접 움직여서 위치를 지정한 후 크기 조절점을 드래그하여 도형을 확대나 축소해 보세요. 'Appearance'에서 도형의 색상과 테두리, 그림자의 설정을 변경할 수도 있고, 자막과 같은 방법으로 'Align and Transfrom'에서 도형을 정렬하고 위치, 회전, 불투명 값을 지정할 수도 있어요.

TIP

여기서는 'Fill'의 V 표시를 해제하여 도형 색을 없애고, 'Stroke'는 활성화하여 외곽선 색은 흰색이고, 두께는 '20'인 테두리 형태의 도형을 만들었어요.

잠깐 만요 디자인 감각을 키워주는 웹 사이트를 소개합니다!

초보자는 영상을 꾸밀 때 자막의 서체, 도형의 색 등 다양한 선택 사항에 난감한 경우가 많아요. 이 경우에는 다른 유튜브 크리에이터의 영상을 보면서 자막 디자인을 따라해 보거나, 여기서 추천하는 웹 사이트를 방문해서 다양한 아이디어를 얻어보세요.

웹 사이트	URL	특징
Pinterest	www.pinterest.co.kr	전 세계 사람들이 올려놓은 사진 아카이브 사이트입니다. 똑같은 키워드로 검색해도 일반 포털 사이트와 달리 감각적인 이미지가 많아요. 사진의 색 보정이나 자막 디자인 등을 보면서 감각을 키워보세요.
Behance	www.behance.net	전 세계 사람들이 올려놓은 포트폴리오 아카이브 사이트입니다. 대부분 디자인 전문가들의 작품을 업로드했기 때문에 그래픽, 자막 서체나 색상 등을 레퍼런스하기 좋아요.
Vimeo	vimeo.com/ko	영상 사이트, 유튜브처럼 영상을 업로드한다는 것이 비슷하지만, 영화 또는 뮤직 비디오 같은 느낌의 완성도 있는 영상을 많이 볼 수 있어요.

4 음악으로 영상의 분위기 바꾸기

영상을 편집할 때 자막과 색감 보정도 중요하지만, 영상에 음악이 있고 없고에 따라, 또 어떤 음악을 사용하느냐에 따라 분위기가 크게 달라집니다. 필요에 따라 장면에 효과음을 삽입하여 긴장감을 줄 수도 있고, 박수를 유도하는 등의 효과를 낼수도 있어요. 여기에서는 영상에 어울리는 음악과 효과음을 검색하는 방법, 그리고 다운로드해서 영상에 삽입하는 과정을 배워볼게요.

배경 음악 넣기

똑같은 영상이라도 슬픈 음악을 넣는지, 발랄한 음악을 넣는지에 따라 느낌이 달라져요. 따라서 영상의 기획 의도에 맞는 음악을 찾기 위해 인터넷 손품을 열심히 팔아야겠죠? 다만 모든 음악에는 저작권이 있어서 저작권자의 허락을 받거나 비용을 명확하게 지불해야 하므로 음악을 신중하게 골라야 합니다.

 **무작정따라하기** **저작권이 무료인 음악 검색하기**

TIP

음악을 검색할 때 'No Copyright Music'의 뒤에 '-Piano', '-Happy', '-Christmas' 등의 키워드를 함께 입력하면 검색 카테고리가 좁혀져서 원하는 음악을 더욱 쉽게 찾을 수 있어요.

01 유튜브에는 음악 저작권을 무료로 공유하는 크리에이터들이 많아요. 유튜브를 실행하고 검색 창에 『no copyright music』을 입력한 후 Enter를 누르세요.

 잠깐만요 **No Copyright Music과 Royalty Free Music의 차이 이해하기**

No Copyright Music과 Royalty Free Music은 비슷하게 해석되지만, 전혀 다른 말입니다. No Copyright Music은 말 그대로 저작권이 없는 음악입니다. 하지만 저작권이 없는 음악은 없으므로 저작권이 자유로운 음악이라고 생각하면 됩니다. 반면 Royalty Free Music은 사용료 없이 사용할 수 있어서 No Copyright Music과 비슷해 보이지만, 상업적으로 이용할 경우에는 무료가 아닐 수도 있고 나중에 사용 제재를 당할 수도 있으니 주의해야 해요. 음악마다 사용 기준이 다르므로 유튜브 화면에서 [더 보기]를 클릭하여 설명 부분을 번역해서 꼼꼼히 읽어보는 것을 추천합니다. 이때 반드시 저작자 표시를 확인하세요!

02 수많은 영상과 채널이 검색되면 마음에 드는 영상을 클릭해서 음악을 들어보세요. 원하는 음악을 한 번에 찾을 수도 있고 그렇지 않을 수도 있으므로 계속 들어보고 내 영상에 잘 어울리는 음악을 골라보세요.

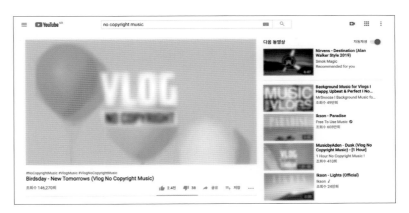

03 영상 중에서도 브이로그에 사용할 음악을 찾기 위해 검색 창에 『Vlog No Copyright Music』을 입력하고 원하는 채널을 클릭했어요. 채널 홈에서 [동영상] 탭을 클릭해서 이름이나 섬네일을 보고 음악을 선택하여 들어봅니다.

TIP

Ctrl을 누른 상태에서 영상을 클릭하면 영상이 새 탭으로 열립니다. 이렇게 하면 많은 영상을 동시에 열어놓고 음악을 들을 수 있어서 원하는 음악을 좀 더 빨리 찾을 수 있어요.

04 내 영상과 어울리는 음악을 찾았으면 다운로드하기 위해 음악이 있는 영상의 아래쪽에 있는 설명 부분에서 [더보기]를 클릭하세요.

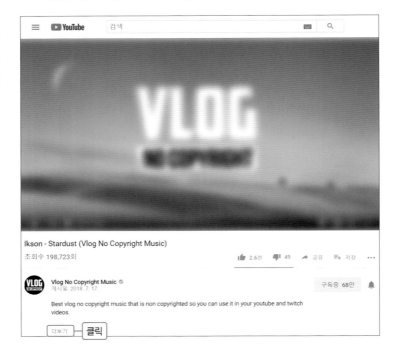

05 각 채널과 영상마다 다운로드 방법이 조금씩 다를 수도 있는데, 여기서는 'Download for free'에 입력된 URL 링크를 클릭해서 음악을 다운로드하세요.

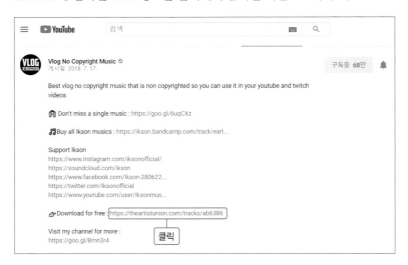

06 무료로 다운로드할 수 있는 사이트가 열리면 [Free Download]를 클릭해서 음악을
다운로드하세요.

07 대부분의 사이트에서는 구글 아이디와 연동되어 있어서 회원 가입이나 로그인 등의
절차 없이 음악을 다운로드할 수 있어요. 구글 아이디가 연동되면서 [Download]가
활성화되면 클릭하여 음악을 다운로드하세요.

잠깐
만요 **저작권 무료 음악을 넣은 영상을 업로드할 때의 주의 사항**

무료 음악을 다운로드해서 영상을 만든 후 유튜브에 업로드했다면 음악을 찾은
영상의 라이선스 부분에서 언급한 내용을 복사해서 설명란에 꼭 붙여넣어야 합
니다. 아티스트가 열심히 창작한 음악을 무료로 제공받았으니 영상의 설명란을
통해 반드시 이 사실을 알리고, 홍보도 해 주어야 해요. 유튜브는 다양한 크리에
이터가 상생하는 공간이기 때문이죠.

▲ 영상의 설명란에 음악 라이선스 출처 넣기

내 컴퓨터의 적당한 장소에 폴더를 만들어서 다운로드한 음악을 잘 보관한 후 프리미어 프로의 [Project] 패널로 드래그하여 불러오면 [Project] 패널에 파형(◀▶▶)으로 된 음악 파일이 생성됩니다. 파일을 프리미어 프로로 옮겨오는 방법은 76쪽을 참고하세요.

TIP

음악 파일도 다른 클립처럼 원본 파일에 링크만 연결된 상태이므로 영상 편집을 완성하기 전에는 파일의 경로와 이름을 변경하거나 원본 파일을 절대로 삭제하지 마세요.

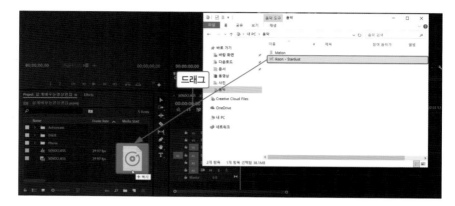

09
[Project] 패널에서 [Timeline] 패널로 음악 파일을 드래그하여 옮깁니다. 음악 파일은 들리는 소리이므로 당연히 오디오 트랙의 아래쪽에 넣어줘야 해요. A1 트랙에 음악 파일을 넣으면 기존에 있던 영상 현장음을 덮어쓰게 되므로 비어있는 A2 트랙이나 A3 트랙으로 옮겨주세요.

TIP

V2 트랙과 A2 트랙에 또 다른 영상을 얹힐 경우를 대비해서 배경 음악은 주로 A3 트랙에 옮겨넣어요.

10
음악도 영상 클립처럼 영상 길이만큼 자를 수 있어요. 음악 클립의 맨 끝부분에 커서를 올려놓고 앞쪽으로 드래그하여 길이를 줄이거나 칼로 자르세요.

길이 조절

음악 폴더 정리하기

영상을 만들 때마다 음악을 찾느라 시간을 소비할 수 없으므로 자신이 좋아하는 장르의 음악이나 다음 영상에 대비해 음악을 정리해야 합니다. 우선 음악 폴더를 만들어서 다운로드한 음악을 저장하고 라이선스 정보도 미리 복사해 메모장에 정리해 두세요. 이렇게 하면 자신만의 음악 리스트가 생겨서 영상을 만들 때 음악을 훨씬 쉽게 찾을 수 있어요.

TIP

메모장이나 워드, 한글 파일로 라이선스 내용을 저장했으면 Ctrl+F를 눌러 노래 제목이나 아티스트 이름을 검색하여 빠르게 원하는 내용을 찾을 수 있어요.

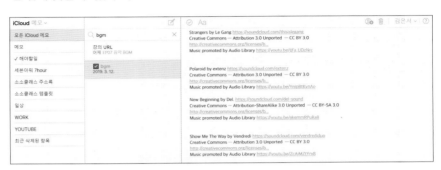

▲ 필자가 수집한 음악 라이선스 정보 모음 방법

음악은 영상에 넣어도 되고, 넣지 않아도 되는 선택 사항입니다. 하지만 영상의 분위기를 크게 좌우하기 때문에 영상에 어울리는 음악을 찾을 때 시간과 노력에 많은 공을 들여야 해요. 그리고 No Copyright Music이 아닌데 꼭 넣고 싶은 음원이 있다면 직접 아티스트에서 메일을 보내 자신이 만든 영상에 음악 삽입이 가능한지를 문의해서 허락을 받아야 합니다. 유튜브 외에도 일정 금액의 돈을 지불하면 더 좋은 음질의 음원을 찾을 수 있는 사이트도 있으니 참고하세요.

 잠깐만요 **유용한 유료 음원 사이트를 소개합니다!**

필자의 경우 일정 금액을 지불하여 음원을 구입하기도 하지만, 내 영상에 잘 어울리는 음악을 찾기 위해 곡의 라이선스를 유료로 구입할 수 있는 음원 사이트를 이용하기도 합니다. 추천 음원 사이트를 방문해 보세요.

음원 사이트	URL	특징
Musicbed	www.musicbed.com	장르, 음악가, 분위기, 악기 등의 분류에 따라 음원을 찾아 구매할 수 있어요. 다만 개인용, 상업용에 따라 음원의 사용 범위가 달라질 수 있으니 구매 전에 꼭 확인하세요.
Artlist	artlist.io	월정액을 1년 단위로 결제하여 음원을 다운로드할 수 있어요. 원하는 장르, 템포, 시간 등의 다양한 옵션을 지정해 음원을 찾을 수 있다는 장점이 있답니다.

영상에 효과음 넣기

유튜브에서 저작권 무료 음악을 다운로드하는 것처럼 효과음도 유튜브에서 다운로드해서 사용할 수 있어요. 효과음은 배경이 전환되거나 영상 속 인물의 특정 행동에 맞춰 넣으면 좋아요.

 무작정따라하기 | **효과음 검색해 다운로드하기**

01 유튜브를 실행하고 검색 상자에 『키워드』+『Sound Effect』, 또는 『키워드』+『효과음』을 입력하고 Enter 를 누르세요.

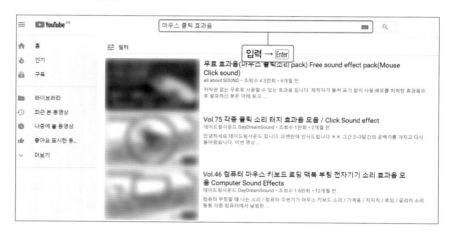

02 원하는 효과음을 찾았다면 해당 영상의 다운로드 링크를 클릭해서 직접 다운로드하세요. 이와 같은 방법으로 효과음 이름을 찾기 쉽게 잘 정리해 두면 편집할 때 더욱 편리하게 사용할 수 있어요.

 TIP

효과음을 영상에 삽입하는 방법도 음악 넣기와 같아요. V2 트랙이나 V3 트랙에 넣어 효과음을 편집해 보세요.

5️⃣ 클릭하고 싶어지는 섬네일 만들기

컴퓨터와 스마트폰을 보는 동안 자신도 모르는 사이에 수많은 섬네일을 만나게 됩니다. 검색 포털 사이트의 뉴스 기사부터 블로그 포스팅뿐만 아니라 사이사이에 보이는 광고와 2~3cm밖에 되지 않는 유튜브의 작은 이미지까지 모두 섬네일에 해당하기 때문이죠. 섬네일(thumbnail)은 영상의 첫인상이 되어 줄 대표 이미지로, 엄지손톱만한 작은 이미지 안에 영상의 콘셉트를 모두 보여줘야 합니다. 따라서 섬네일만 제대로 만들어도 구독자 수를 늘릴 수 있어요. 이번에는 섬네일을 직접 만들어 보면서 콘텐츠의 성격에 따라 디자인이 어떻게 달라지는지 알아볼게요.

섬네일의 다양한 형태

유튜브에서 볼 수 있는 섬네일은 16:9 비율의 JPG 이미지로 업로드할 수 있어요. 따라서 꼭 프리미어 프로가 아니어도 포토샵, 파워포인트와 같은 프로그램이나 사진을 꾸밀 수 있는 앱을 이용해 섬네일을 만들 수 있어요. 대표 사진을 한 장 지정한 후 도형이나 텍스트를 삽입하고 16:9 비율로만 만들면 되니까요.

▲ 영상의 1프레임+자막

▲ 영상의 1프레임+자막+도형

▲ 영상의 1프레임 여러 장 분할+자막

01 섬네일은 단 하나의 프레임만 보여지는 그림이기 때문에 영상에서 대표 이미지를 한 장 선택해야 해요. [Timeline] 패널에서 타임 바를 움직여 섬네일로 사용하고 싶은 영상을 찾았다면 [Program] 패널에서 [Export Frame](■)을 클릭해 해당 영상을 캡처하세요.

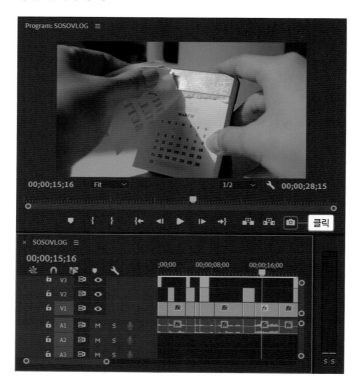

02 [Export Frame] 대화상자가 열리면 캡처한 이미지 파일의 이름과 경로를 지정하고 [Import into project]에 ∨ 표시한 후 [OK]를 클릭하세요.

TIP

[Import into project]에 ∨ 표시하면 이미지를 캡처한 동시에 [Project] 패널로 자동으로 불러올 수 있어요.

03 이제까지 배웠던 영상 편집용 시퀀스가 아닌 섬네일 디자인을 위한 시퀀스를 만들어 볼게요. [Project] 패널에서 방금 캡처한 이미지를 [New Item](🔲)으로 드래그하면 새 시퀀스가 생성됩니다.

04 [Timeline] 패널에 기존에 편집하던 시퀀스와 새로 만든 시퀀스가 나란히 표시되면 [Essential Graphics] 패널의 [Edit] 탭에서 자막이나 도형, 이미지 등을 이용해 섬네일을 꾸며보세요.

05 이번에는 [Project] 패널에 사진을 불러와 [Timeline] 패널의 V3 트랙에 드래그해서
섬네일을 꾸며볼게요. 삽입한 사진 중 필요한 부분만 잘라 사용하기 위해 [Tools]
패널의 [Pen Tool](✏)을 클릭하고 [Program] 패널에서 사용하고 싶은 부분을 차
례대로 클릭해서 따주세요. 'Opacity'의 아래쪽에 'Mask(1)' 레이어가 생성되었으
면, 이것이 바로 원하는 영역만 표시하는 'Mask' 기능입니다.

06 [Program] 패널의 크기가 작아 사진이 잘 보이지 않으면 패널의 크기를 조절하여
최대한 확대한 후 작업해 보세요. 섬네일을 완성했으면 이미지 파일로 저장하기 위
해 [Program] 패널의 아래쪽에 위치한 [Export Frame](📷)을 클릭해서 화면을
캡처하세요.

07 [Export Frame] 대화상자가 열리면 파일 이름을 입력하고 'Format'에서 [JPEG]를 선택하세요. [Browse]를 클릭하여 사진이 저장될 경로를 설정하고 [OK]를 클릭하세요.

TIP

이때는 [Import into project] 의 ∨ 표시를 해제하세요.

08 섬네일 파일을 저장한 경로로 이동해 이미지를 확인해 보세요. 이렇게 만든 이미지는 유튜브 영상을 업로드할 때 또는 업로드한 후에 섬네일로 지정하면 됩니다.

TIP

유튜브에 섬네일을 등록하는 방법은 178쪽에서 알려 줄게요.

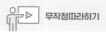

TIP

만약 섬네일 템플릿이 보이지 않는다면, 애니메이션이 적용된 템플릿이기 때문이에요. 이 경우에는 시간을 옮겨 애니메이션이 끝난 시점으로 맞춰주세요.

01 프리미어 프로에서 기본적으로 제공하는 템플릿에 섬네일 템플릿을 만들어 사용할 수 있어요. [Window]-[Essential Graphics] 메뉴를 선택하세요.

02 화면의 오른쪽에 [Essential Graphics] 패널이 열리면서 [Browse] 탭에 다양한 기본 템플릿이 나타나면, 화면의 아래쪽으로 이동하며 원하는 템플릿을 선택하고 [Timeline] 패널의 영상 위쪽 트랙에 배치하세요.

03 [Timeline] 패널에서 타임 바를 드래그해 섬네일로 사용하고 싶은 영상으로 위치를 옮기고 원하는 디자인으로 바꾼 후 [Program] 패널의 [Export Frame](📷)을 클릭하세요. [Export Frame] 대화상자가 열리면 이름과 포맷을 지정한 후 [OK]를 클릭해 섬네일 이미지로 저장하세요.

04 템플릿을 수정해 만든 섬네일을 다음에 또 사용할 수 있도록 저장해 볼게요. [Timeline] 패널의 섬네일 트랙을 마우스 오른쪽 단추로 클릭하고 [Export As Motion Graphics Template]을 선택하세요.

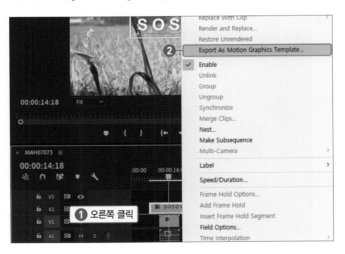

05 [Export As Motion Graphics Template] 대화상자가 열리면 이름과 키워드를 지정하고 [OK]를 클릭하세요. 키워드를 입력해 두면 나중에 템플릿을 찾을 때 훨씬 수월해요.

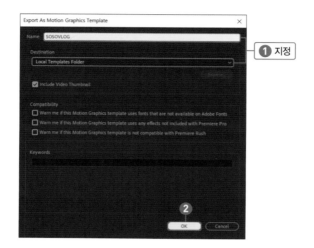

06 이렇게 지정한 템플릿은 [Essential Graphics] 패널의 검색 상자에 내가 만든 이름이나 키워드를 입력해서 찾을 수 있어요. 이처럼 섬네일 템플릿을 만들어두면 영상을 편집할 때마다 섬네일 작업을 반복할 필요 없이 템플릿만 불러와 빠르게 작업할 수 있어요. 만약 유튜브 채널을 운영하고 있다면 영상마다 동일한 섬네일이 적용되어 통일되어 보이겠죠?

정리의 중요성,
마무리도 깔끔하게!

영상은 사진보다 파일 용량이 훨씬 크기 때문에 파일 정리가 매우 중요해요. 특히 프리미어 프로에서는 파일의 위치를 링크로 연결해서 사용하기 때문에 파일의 위치를 옮기거나 삭제하면 애써 작업한 영상이 다 날아가서 못 쓰게 된답니다. 따라서 컴퓨터 용량이 가득 차더라도 편집에 사용한 영상을 절대로 지우면 안 돼요. 여기서는 더욱 편리하게 편집할 수 있는 [Project] 패널과 [Effects] 패널, [Timeline] 패널의 정리 방법과 완성한 프로젝트를 하나의 폴더로 묶어서 백업하는 방법을 살펴볼게요.

무작정따라하기 | **여기저기 흩어진 파일, 원하는 폴더에 깔끔하게 관리하기**

01 [Project] 패널로 불러온 다양한 영상 파일과 사진 파일을 폴더에 넣어 정리할 수 있어요. 시퀀스는 시퀀스대로, 촬영한 영상은 카메라별로 정리하거나 여행한 날짜별로, 나라별로 나눠서 보면 더욱 편리하겠죠? 작업 중인 프로젝트를 열고 [Project] 패널의 오른쪽 아래에 있는 [New Bin](■)을 클릭하여 새로운 폴더를 생성하세요.

02 'Bin' 폴더가 만들어지면 원하는 폴더명을 입력하고 촬영일자, 여행한 나라나 도시, 또는 카메라 기종별로 나눠보세요. 음악은 음악끼리, 이미지는 이미지끼리 필요에 따라 나누어 설정하면 됩니다. ▶ 를 클릭해서 폴더 목록이 펼쳐지면 원하는 폴더를 클릭하여 패널을 열었다 닫았다 할 수도 있어요.

TIP

폴더 부분을 더블클릭하면 [Project] 패널의 옆에 폴더 패널이 생겨서 폴더 속 파일을 따로 관리할 수 있어요.

무작정따라하기 | **즐겨찾기로 자주 쓰는 효과 빠르게 찾기**

01 [Effects] 패널에 자주 사용하는 효과만 모아서 즐겨찾기를 만들어 두면 매번 효과를 검색하지 않고도 빠르게 원하는 기능을 찾을 수 있어요. [Effects] 패널을 선택하고 아래쪽의 [New Custom Bin](📁)을 클릭하여 새 폴더를 만든 후 이름 부분을 한 번 더 클릭해서 『즐겨찾기』라고 입력하세요.

02 이제 자주 사용하는 효과를 검색 상자에 입력해서 찾으세요. 해당 효과가 검색되면 '즐겨찾기' 폴더로 드래그하면 됩니다.

잠깐만요 **'소소SOSO'의 즐겨찾기 폴더를 소개합니다!**

영상 효과를 많이 사용하는 편이 아니라면 하나의 폴더만으로도 충분해요. 하지만 사용하는 영상 효과의 개수가 많다면 'Transition(전환)', 'Effects(효과)' 또는 'Audio', 'Video' 폴더로 나누어 관리해 주면 좋아요. 다음은 필자가 '즐겨찾기' 폴더에 넣어 자주 사용하는 영상 효과를 소개할게요.

▲ '소소SOSO'의 즐겨찾기 폴더

❶ **Constant Power** : 오디오 트랜지션 효과로 소리를 서서히 크게 하거나 줄일 때, 음악과 음악 사이를 부드럽게 연결할 때 사용해요.

❷ **DeNoise** : 일정 음역대의 잡음을 줄일 수 있어요. 어느 정도 보정은 되지만, 엄청난 효과를 기대하지 않는게 좋아요.

❸ **Pitch Shifter** : 음성 변조를 할 수 있어요.

❹ **Studio Reverb** : 소리를 울릴 때 주로 사용해요.

❺ **Dip to White** : 영상이 재생되는 도중에 아주 짧은 시간 동안 카메라 플래시 효과를 낼 수 있어요.

❻ **Wipe** : 닦아내는 기능으로, 밀어내는 효과와 조금 비슷하지만 달라요.

❼ **Crop** : 영상의 상하 좌우를 반듯하게 잘라낼 수 있어요.

❽ **Gaussian Blur** : 영상을 뿌옇게 만드는 기능이에요. 초상권을 보호할 때 모자이크 대신 많이 사용해요.

❾ **Tint** : 영상의 흰 부분과 검은 부분의 색상을 바꿀 수 있어요.

❿ **Ultra Key** : 그린스크린, 블루스크린 등 크로마키로 촬영된 영상을 합성할 때 사용하는 효과에요.

⓫ **Warp Stabilizer** : 영상의 흔들림을 보정해 주는 기능으로, 정말 자주 사용해요. 하지만 흔들림이 큰 영상은 오히려 역효과가 날 수 있으니 영상에 따라 조절해 주세요.

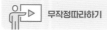

01 [Timeline] 패널의 경우 이미지는 분홍색, 영상은 파란색, 소리는 초록색으로 지정되어 있지만, 자신의 작업 환경에 맞게 바꾸면 알록달록 예쁘게 꾸밀 수도 있고, 작업 중인 클립을 선택할 때도 헷갈리지 않을 거예요. 색을 변경하려는 클립을 마우스 오른쪽 단추로 클릭하고 [Label]에서 원하는 색을 선택하세요.

02 색뿐만 아니라 라벨 이름도 바꿀 수 있어요. 프리미어 프로의 기본 값인 '망고', '탠저린'과 같이 어려운 이름이 아니라 'iPhone영상', 'DSLR영상', '강조자막', '하단자막', '사진' 등으로 나눠 관리할 수 있죠. [Edit]-[Preferences]-[Labels] 메뉴를 선택하세요.

03 [Preferences] 대화상자가 열리면 [Labels] 범주에서 원하는 색과 이름을 정해 자신
만의 팔레트를 만들어 보세요. 색과 라벨을 모두 지정했으면 [OK]를 클릭합니다.

TIP

필자의 경우 스마트폰으로
찍은 영상과 DSLR로 찍은
영상의 클립 색상을 다르
게 지정하고 자막이나 사
진은 튀는 색으로 강조하
죠. 예를 들어 자막 중에서
도 크게 강조해야 하는 자
막은 중요 표시 자막으로,
나머지 일반 자막은 하단
자막으로 분리해 다른 색
상으로 클립을 분리해 놓
으면 작업이 편해요.

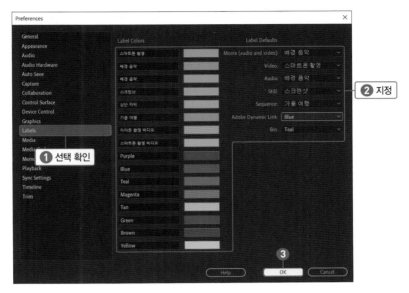

04 지정한 색상과 라벨에 따라 [Timeline] 패널의 클립 색상이 변경되었어요.

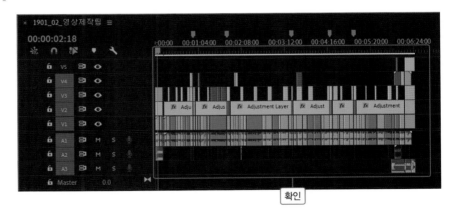

하나의 폴더에 프로젝트를 쏙 넣어 보관하기

01 작업 중에 컴퓨터를 바꿔야 하거나 프로젝트를 다른 팀원에게 공유해야 한다면 프로젝트를 하나의 폴더로 묶어 주는 것이 좋아요. 이와 같이 데이터를 보관하는 것을 '아카이브(archive)'라고 하는데, 완성한 프로젝트의 백업용으로도 아카이브를 유용하게 활용할 수 있어요. 우선 [File]−[Project Manager] 메뉴를 선택하세요.

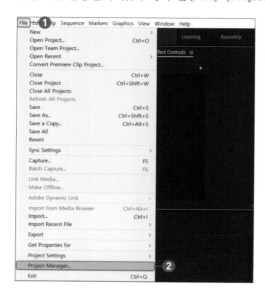

02 [Project Manager] 대화상자가 열리면 아카이브하려는 시퀀스를 선택하세요. 하나만 아카이브하려면 하나의 시퀀스만, 다른 시퀀스들도 모두 백업할 것이면 모두 선택하세요. 모든 옵션은 설정된 상태를 유지하고 'Destination Path'의 [Browse]를 클릭하여 프로젝트 폴더가 저장될 경로를 지정해 주세요.

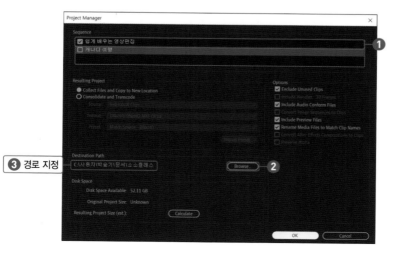

3 경로 지정

03 'Disk Space'의 [Calculate]를 클릭하면 남아있는 디스크 용량과 하나의 폴더로 묶였을 때의 예상 용량이 계산되어 표시됩니다.

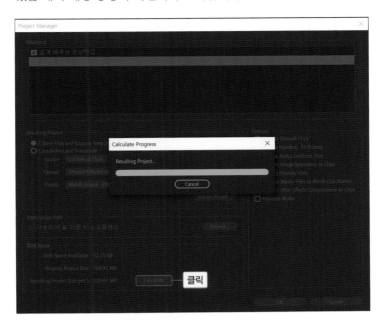

04 오른쪽에 위치한 'Options'에서는 사용하지 않은 파일을 뺄 것인지, 프리뷰 파일을 넣을 것인지 등의 옵션을 조정할 수 있지만, 특별한 경우를 제외하고는 기본 값으로 진행하는 것이 좋아요. 이제 [OK]를 클릭해서 아카이브하세요.

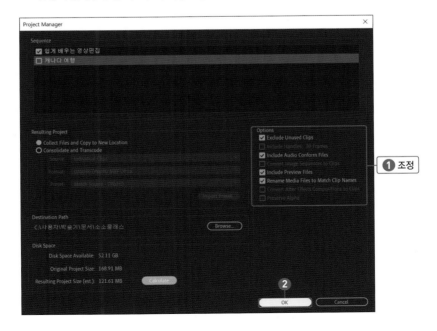

05 일정한 시간이 지나면 저장된 경로에서 프로젝트 이름으로 된 폴더가 생성된 것을 확인할 수 있어요.

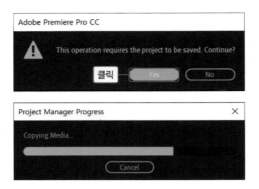

06 이 폴더 전체를 다른 컴퓨터로 옮겨 작업하거나 외장 하드디스크에 넣어서 프로젝트를 보관할 수 있어요. 이 폴더 안에는 프로젝트 파일뿐만 아니라 사용한 영상과 사진이 모두 저장되어 있으므로 기존 프로젝트 파일들은 과감하게 삭제해도 좋습니다.

 ┃ **나도 모르게 쌓이고 있는 디지털 쓰레기 비우기**

01 영상 편집 작업 중 Ctrl+Z를 눌러 실행을 취소해도 컴퓨터는 모두 기억하고 있어서 사용 가능한 컴퓨터 용량은 점점 줄어들게 됩니다. 이런 것들을 일정 시간 지나거나 일정 용량이 차면 자동으로 지워지도록 설정해 볼게요. [Edit]-[Preferences]-[Media Cache] 메뉴를 선택하세요.

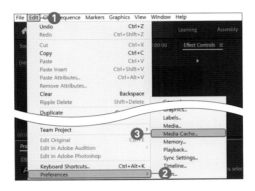

02 [Preferences] 대화상자가 열리면 [Delete Unuesd]를 클릭해 차곡차곡 쌓이고 있는 미디어 캐시 파일 중 사용하지 않는 항목을 삭제할게요. 필요에 따라 'Media Cache Management' 항목을 선택하여 삭제 기간을 설정하고 [OK]를 클릭하세요.

❶ **Do not delete cache files automatically** : 캐시 파일을 자동으로 삭제하지 않습니다.

❷ **Automatically delete cache files older than** : 지정 기간(90일) 이후 오래된 캐시 파일부터 자동으로 삭제합니다.

❸ **Automatically delete olest cache files when cache exceeds** : 저장 용량을 초과하면 가장 오래된 캐시 파일부터 자동으로 삭제합니다.

YOUTUBE PREMIERE PRO

유튜브 채널 만들고
동영상 업로드하기

이제까지 영상 편집을 열심히 배웠던 이유는 바로 나만의 유튜브 채널을 만들어 보기 위해서예요. 소소한 취미를 촬영해서 유튜브에 올리거나, 일기장처럼 일상을 기록하기 위해, 여행지에서 보았던 특별한 풍경과 추억을 남기기 위해, 또는 업무 관련 마케팅 때문에 등등 정말 다양한 이유로 유튜브를 시작하게 됐을 거예요. 이번에는 유튜브에 나만의 채널을 만들기 위해 꼭 필요한 구글(Google) 계정을 만드는 방법과 채널 개설 방법을 알려줄게요.

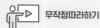 무작정따라하기 | **구글에 가입해 계정 만들기**

01 유튜브에 채널을 만들려면 구글 계정이 필요해요. 'www.youtube.com'에 접속해서 화면의 오른쪽 위에 있는 [로그인]을 클릭하세요.

TIP

이미 구글 계정이 있다면 기존 아이디와 패스워드를 입력해도 됩니다. 만약 유튜브 채널만을 위한 아이디를 만들고 싶다면 새로 가입해 주세요.

02 여기서는 계정을 새로 개설하거나 없는 분들을 위해 [계정 만들기]를 클릭해서 가입해 볼게요. [본인 계정]을 선택하세요.

TIP

유튜브는 2020년 3월부터 인터넷 익스프로러에서 볼 수 없게 되었어요. 따라서 구글에서 개발한 크롬(Chrome) 웹 브라우저에서 작업하는 것이 좋아요.

03 [Google 계정 만들기] 창이 열리면 빈칸을 채워주세요. 유튜브의 채널명이 될 '성'과 '이름'은 나중에도 얼마든지 바꿀 수 있지만, 이메일 주소(아이디)가 될 '사용자 이름'은 바꿀 수 없으므로 신중하게 결정해서 입력하고 [다음]을 클릭하세요.

04 전화번호, 복구 이메일 주소, 생년월일 등의 정보 입력은 선택 사항이므로 필요에 따라 입력한 후 [다음]을 클릭하세요.

05 이제 구글 계정에 가입되었어요! 구글(www.google.com) 메인 화면에서 앞에서 만든 아이디와 비밀번호로 로그인하면 화면의 오른쪽 위에 자신이 계정이 표시된답니다. 유튜브 메인 페이지로 이동하면 내 계정으로 이미 로그인된 것을 확인할 수 있어요.

TIP

만약 유튜브 사이트로 이동했을 때 로그인되어 있지 않으면 화면의 위쪽에 있는 [로그인]을 클릭한 후 아이디와 비밀번호를 입력해서 로그인하세요.

계정 확인

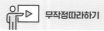

무작정따라하기 **유튜브 채널 개설하기**

01 본격적으로 유튜브에 나만의 공간을 만들어 볼게요. 비디오 카메라 버튼을 클릭하고 [동영상 업로드]를 선택하세요.

02 동영상을 한 번도 업로드한 적이 없다면 채널을 개설할 수 있도록 [업로드 계정 선택] 창이 열리면서 161쪽에서 구글 계정을 만들 때 설정한 이름이 표시됩니다. 아까 채널명은 164쪽에서 지정할 예정이므로 [채널 만들기]를 클릭해서 다음 단계로 넘어가세요.

TIP

이전에 업로드한 동영상이 있다면 기존 계정으로 접속되어 [업로드 계정 선택] 창이 열리지 않을 거예요.

클릭

03 유튜브 홈페이지로 다시 되돌아와서 내 프로필을 클릭하고 [내 채널]을 선택해 보세요.

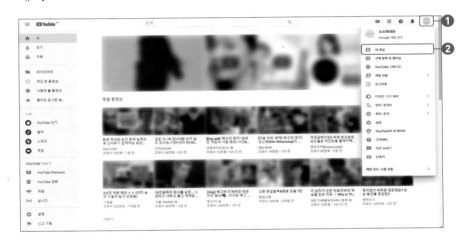

04 눈 깜짝할 사이에 나만의 공간이 생겼을 거예요!

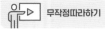

01 내가 운영하는 유튜브 채널의 성격을 가장 쉽게 보여줄 수 있는 '이름'과 '채널 아이콘'을 설정하기 위해 [내 채널] 화면에서 프로필 사진을 클릭하세요. '채널 아이콘 수정'을 묻는 창이 열리면 [수정]을 클릭하세요.

02 [사진 선택] 창이 열리면 [사진 업로드]를 클릭해서 프로필 사진을 추가하고 [완료]를 클릭하세요.

TIP

프로필 이미지는 1×1 정방형 크기의 사진을 사용하는 것이 좋아요. 포토샵이나 파워포인트, 사진 앱 등으로 사진 크기를 조절해 보세요.

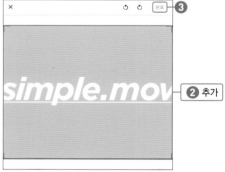

03 채널 아이콘 사진이 변경되었으면 유튜브 채널 이름을 바꾸기 위해 [✎]를 클릭하세요.

TIP

'이름'에는 영어를, '성'에는 한글 채널 이름을 입력해도 됩니다.

04 이름과 성에 이미 입력된 내용을 지우고 원하는 채널명을 입력한 후 내 이름이 어떻게 표시되는지 꼭 확인해 보세요. 채널 이름을 바꾸었으면 [확인]을 클릭하세요.

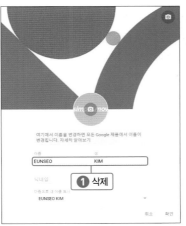

05 채널 이름을 변경하는 것은 기간 내 횟수 제한이 있으므로 신중하게 수정해 주세요. [이름 변경]을 클릭하면 채널 이름 변경이 완료됩니다.

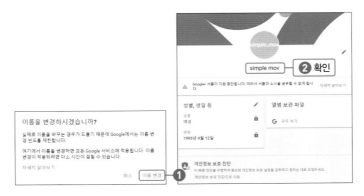

06 유튜브의 내 채널로 되돌아가서 채널 이름이 바뀌었는지 확인해 보세요. 이제 채널에 영상을 업로드하면서 예쁘게 꾸며볼까요?

유튜브 관리

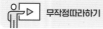 **유튜브에 동영상 업로드하기**

01 유튜브에 로그인한 상태에서 [동영상 또는 게시물 만들기](█)를 클릭하고 [동영상 업로드]를 선택하세요.

02 [파일 선택]을 클릭해 영상을 선택하거나 폴더에서 직접 드래그하여 영상을 업로드 할 수 있어요. [열기] 대화상자가 열리면 영상 편집을 완료한 파일을 선택하고 [열 기]를 클릭하세요.

TIP

2020년 1월 유튜브가 대폭 업데이트되면서 영상 업로 드가 더욱 간편해졌어요.

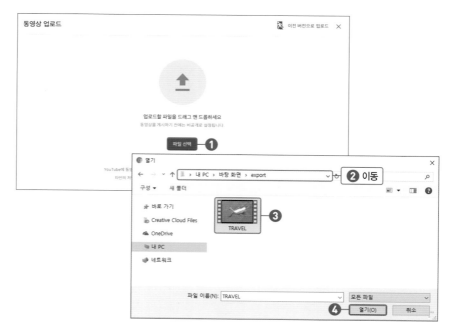

03 영상이 업로드되는 데 소요되는 시간은 영상의 길이와 네트워크 상태에 따라 천차만별이므로 영상이 올라가는 동안 상세한 정보를 입력하세요. 자신이 올린 영상에 잘 어울리는 제목을 정하고 설명을 입력하세요. [미리보기 이미지 업로드]를 클릭해 섬네일로 지정할 수 있어요.

TIP

영상 제목과 내용은 유튜브 검색에서 매우 중요하기 때문에 너무 많은 양의 태그를 입력하는 것보다 영상에 대한 정확한 메시지를 줄 수 있는 단어를 입력하는 것이 좋아요.

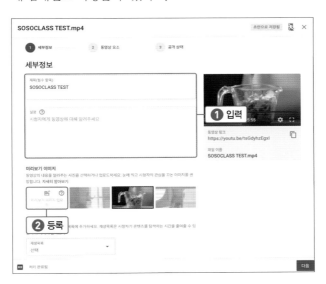

04 내 채널 속 영상의 성격별로 재생 목록을 나누어 관리해 보세요. 그리고 아동용 영상인지, 아닌지 꼭 선택해야 다음 단계로 넘어갈 수 있어요. 선택을 완료했다면 [다음]을 클릭하세요.

TIP

재생 목록은 영상 카테고리를 의미해요. 영상의 성격에 따라 목록을 나누어 등록해 주면 좋아요.

05 [최종 화면 추가]와 [카드 추가]를 할 수 있는 화면이 열리면 [다음]을 클릭하세요. 해당 항목에 대한 자세한 내용은 174쪽에서 알려줄게요. 영상의 공개 상태와 예약 날짜 등을 지정한 후 [저장]을 클릭합니다.

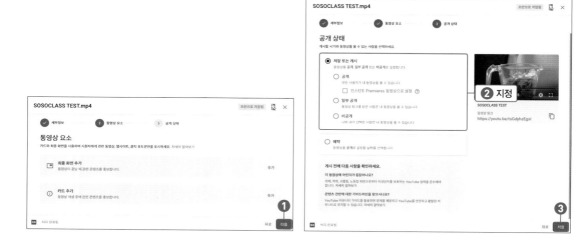

06 자신의 채널로 되돌아오면 업로드된 영상을 확인할 수 있어요.

잠깐
만요

동영상 업로드 주기는 얼마가 좋을까요?

유튜브 채널을 만들고 성장시키려면 꾸준히 관리해야 하기 때문에 지속적으로 질 좋은 콘텐츠를 업로드하는 것이 가장 중요하죠. 꾸준함에는 정해진 정답이 없지만, 본인만의 목표를 만들어 영상을 업로드해 보세요. 자신의 채널을 구독하는 시청자들과의 약속이라고 생각하고 '주 1회, 수요일, 10시'와 같이 시간을 정해 영상을 올려보세요. 또한 주요 구독자층의 연령대와 니즈를 분석해서 업로드 주기를 정할 수도 있어요. 그러므로 지속적으로 영상을 업로드해서 팬을 만들어 보세요.

YOUTUBE 스튜디오
살펴보기

동영상을 업로드하면 채널 아트도 꾸미고, 채널 정보도 입력하며, 섬네일도 지정하고 싶은 욕심이 마구 생길 거예요. 이 모든 설정은 YOUTUBE 스튜디오에서 할 수 있는데, 각 메뉴마다 어떤 역할을 하는지 하나씩 살펴볼게요. 내 채널 화면에서 [YOUTUBE 스튜디오]를 클릭해 보세요.

1 대시보드

[대시보드]를 선택하면 내 영상과 채널의 현황을 한눈에 보여주는 화면이 나타나요. 여기에서 현재 구독자 수, 조회 수, 시청 시간, 수익 등의 채널 분석 결과를 쉽게 살펴볼 수 있어요.

▲ 채널 대시보드의 [대시보드] 메인 화면

2 콘텐츠

[콘텐츠]는 유튜브에 동영상을 업로드할 때 가장 많이 찾게 되는 메뉴로, 업로드한 영상을 수정 및 삭제할 수도 있고 내가 올린 영상을 다운로드할 수도 있어요. 또한 영상의 공개 상태를 '공개', '비공개', '미등록'으로 바꿀 수도 있고, 수익 창출이 가능한 콘텐츠인지도 확인할 수 있어요.

▲ [YOUTUBE 스튜디오]의 [동영상] 메인 화면

정보 및 설정

업로드한 영상의 제목에 마우스 포인터를 올려놓으면 '옵션'이 나타나요. 이 항목을 클릭하면 제목 및 설명 수정, 공유할 링크 복사, 홍보, 영상 다운로드, 삭제 등을 할 수 있는 메뉴가 열려요.

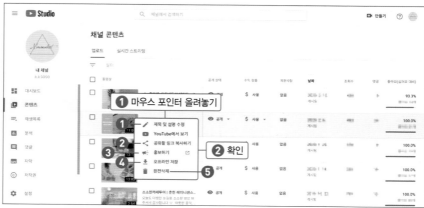

▲ 업로드한 영상의 옵션 선택 화면

❶ 제목 및 설명 수정 : 해당 동영상의 제목 및 설명을 간단히 수정할 수 있어요.

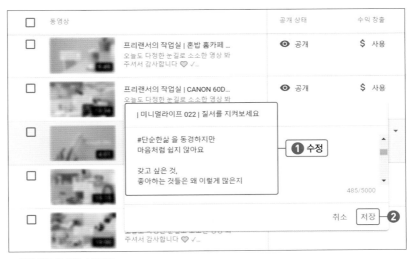

▲ 영상 제목 및 내용 수정하기

❷ 공유할 링크 복사하기 : 클릭하면 영상의 공유 링크가 복사됩니다. 원하는 SNS에 링크를 붙여넣어(Ctrl + V) 내가 올린 영상을 다른 사람들과 공유할 수 있어요.

❸ 홍보하기 : 내가 만든 영상으로 유튜브에서 광고할 수 있어요. 국가, 잠재 고객, 예산 등을 정해서 광고할 수도 있고, 원하는 URL 주소로 이동하도록 설정할 수도 있어요.

▲ 유튜브 광고 선택 화면

❹ 오프라인 저장 : 내가 올린 영상을 다시 다운로드할 수 있어요. 다만 업로드한 원본 영상보다 낮은 해상도로 다운로드됩니다.

❺ 완전삭제 : 내 채널에 등록한 영상을 삭제할 수 있어요. 삭제한 영상은 다시 복구할 수 없으니 신중하게 삭제하세요.

동영상 공개 상태

동영상의 공개 여부를 선택할 수 있어요. 가급적이면 최초 공개할 때 영상을 비공개 상태로 올려보고 재생에 문제가 있는지 확인한 후 공개 상태로 바꿔주는 것이 안전합니다.

TIP

영상을 업로드한 직후에는 영상의 화질이 다소 나빠 보일 수 있어요. 업로드가 잘 이루어지고, 시간이 지나면 원본 영상의 퀄리티로 보이게 되니 걱정하지 마세요. 따라서 영상을 비공개로 올리고 일정 시간이 지난 다음 공개로 바꿔주는 것이 내 채널의 영상을 보는 구독자를 위한 작은 배려가 될 수 있어요.

▲ 업로드한 동영상의 공개 여부 선택하기

수익 창출

수익 창출 여부는 유튜브에서 결정하는 것으로, 저작권 침해 신고를 당하거나 저작권 소유자가 수익 창출을 할 수 없게 막아놓았으면 '사용 불가'로 표시됩니다. 그러므로 동영상을 올릴 때 저작권의 소유 여부를 정확하게 살펴본 후 등록하세요.

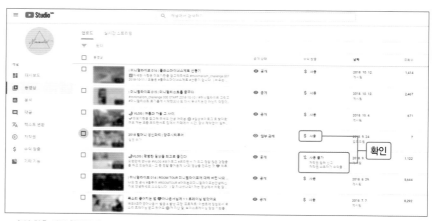

▲ 수익 창출 여부 확인하기

아쉽게도 [수익창출] 메뉴의 세부 내용은 구독자 수 1,000명 이상, 1년 이내 시청 시간 4,000시간 이상의 조건을 달성한 크리에이터에게만 보여요. 자격요건을 충족해 수익창출 가능한 채널이 될 수 있도록 노력해 보세요. 만약 오른쪽과 같은 그림이 보인다면 [위치 업데이트]를 선택해 국가를 지정합니다.

▲ 수익 창출 기준 확인하기

세부정보

'채널 동영상'에서 업로드한 영상의 [세부정보]([✏️])를 선택하면 동영상이 업로드되면서 설정한 영상의 이름과 설명, 태그 등을 수정할 수 있는 '세부정보' 화면으로 이동합니다.

▲ 동영상의 세부정보 수정하기

TIP

만약 최종 화면 삽입이 처음이라면 [동영상에서 가져오기]를 클릭해도 선택할 영상이 없을 거예요.

TIP

유튜브 최종 화면을 위해 영상의 맨 마지막 페이지를 편집하는 방법은 175쪽에서 알려줍니다. 추천 영상뿐만 아니라 구독 단추도 함께 만들어 보세요.

❶ **최종 화면** : 채널 구독을 유도하기 위해 재생된 영상의 마지막에 다른 영상의 재생 링크를 넣어줍니다. 업로드한 영상 중 하나를 선택해서 넣어도 되고, 다른 채널의 영상 링크를 입력해도 됩니다. 또한 최근에 업로드된 영상이나 시청자에게 맞는 추천 영상을 직접 골라 넣는 기능도 있어요. 이 기능은 동영상의 재생이 끝나기 전 20초 안에만 배치할 수 있기 때문에 영상 재생이 시작되고 최소 20초가 지나야 넣을 수 있습니다. 따라서 재생되는 영상의 길이가 25초 이상이어야 해요. 최종 화면에서 추천하는 영상은 조회 수가 높게 나오는 편이므로 영상을 편집할 때 맨 뒷부분에 최종 화면을 넣을 부분을 미리 만들어 놓으면 좋아요.

최종 화면을 구성하는 방법 중 유튜브에서 추천하는 최종 화면 배치인 템플릿을 사용하면 아주 쉽게 최종 화면을 구성할 수 있어요. 그리고 [동영상에서 가져오기]를 선택하면 지난 영상에 사용했던 최종 화면을 그대로 불러와서 수정할 수 있어요.

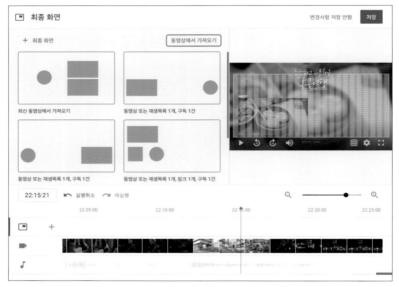

▲ 최종 화면 설정 화면

[최종 화면]을 클릭하면 내가 원하는 요소를 선택해 최종 화면을 마음대로 배치할 수 있어요. 이때 꼭 두 가지 이상의 요소를 선택해서 넣어주어야 합니다.

▲ 최종 화면에 들어갈 요소 추가하기

❷ **카드** : 영상이 재생되는 동안 화면
의 오른쪽 위에 표시되는 내용(영상
링크)으로, 다른 동영상 및 재생 목
록, 채널을 홍보하거나 설문조사 등
의 참여를 유도할 수 있어요. [카드
추가]를 클릭해 추가하려는 카드의
종류를 선택해 보세요.

앞의 세 가지 방법으로 요소를 추가하고 원하는 대로 배치한 후 아래에서 각 요소
별로 나타나는 시간을 설정할 수 있어요. 원하는 시간으로 설정한 후 영상의 재생
버튼을 클릭해 요소가 알맞은 영상 위에 실행되는지 확인하는 과정도 꼭 필요하답
니다. 최종 화면은 내가 업로드한 영상의 끝부분에 들어가기 때문에 아래와 같이
템플릿을 만들어 놓으면 일정한 엔딩 장면으로 끝낼 수 있어요.

▲ 다양한 형태의 최종 화면 예

분석

'채널 동영상'에서 각 동영상의 [분석](📊)을 클릭하면 조회 수와 시청 지속 시간뿐만 아니라 내 영상을 어떤 연령대의 시청자들이 어느 시간대에, 어떤 장치로 가장 많이 보는지 알 수 있어요. 분석 기능을 잘 활용해서 내 콘텐츠의 기획 방향을 잡아 보세요.

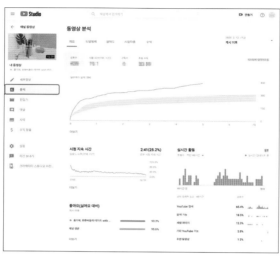

▲ 각 동영상의 분석 화면

편집기

업로드한 동영상 중 불필요한 부분이 있으면 잘라낼 수도 있고, 초상권 등을 고려해서 모자이크 처리를 하거나 저작권 음악을 삭제하는 등의 편집 작업을 할 수도 있어요. 따라서 영상을 삭제했다가 다시 업로드할 필요 없이 [편집기]에서 수정하면 됩니다.

▲ YOUTUBE 스튜디오에서 영상 편집하기

댓글

SNS의 핵심은 '소통'이겠죠? 댓글은 여러분의 콘텐츠에 달린 소중한 관심이에요.
[댓글]을 선택하면 내가 업로드한 모든 영상의 댓글을 한눈에 볼 수 있어요.

▲ 동영상 댓글 관리하기

자막

외국어 번역 기능인 [자막]의 [언어 추가]를 클릭하면 다양한 언어를 입력해 내 콘
텐츠를 다른 나라에서도 볼 수 있게 자막을 만들 수 있어요. 시간에 따라 영상 컷이
자동으로 나눠지기 때문에 매우 편리해요. 내 영상을 해외에도 홍보하고 싶다면 꼭
사용해 보세요.

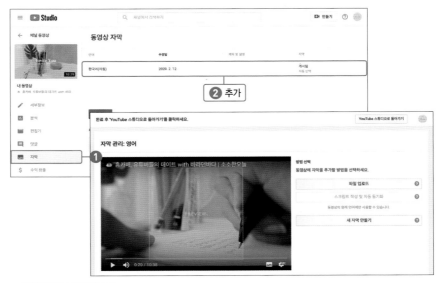

▲ 다양한 언어로 자막 만들기

수익 창출

[수익 창출]은 수익 창출 자격이 될 때 활성화되는 메뉴입니다. 수익을 창출할 것인지, 창출한다면 광고를 어디에 넣을지 선택하는 기능으로, 콘텐츠마다 다르게 설정할 수 있어요.

TIP

구독자 수 1,000명, 1년 이내 시청 시간이 4,000시간이라는 목표를 채워야만 수익을 낼 수 있어요. 따라서 [수익창출] 메뉴는 유튜브에서 제시한 조건을 달성했을 때 나타납니다.

▲ 수익 창출을 위한 광고 유형 정하기

▷ 무작정따라하기   **유튜브 섬네일 설정하기**

01 업로드한 동영상을 선택하면 [동영상 세부정보] 메뉴가 열리면서 아래쪽에 '미리보기 이미지'가 보여요. 이 항목이 바로 섬네일인데, 유튜브에서 자동으로 제공하는 세 가지 추천 장면에서 선택하거나 [미리보기 이미지 업로드]를 클릭해서 내가 디자인한 이미지로 지정할 수 있어요.

02 아직 계정이 비활성화된 상태여서 [미리보기 이미지]를 설정할 수 없다면 [자세히 알아보기]를 클릭해 계정 인증을 해 주세요. 전화나 메시지 중에서 원하는 인증 방식을 선택하는데, 여기서는 [인증 코드를 문자 메시지로 전송]을 선택하세요.

03 전화번호를 입력하고 [제출]을 클릭하면 인증 코드가 문자로 전송됩니다.

04 인증 코드 여섯 자리를 입력하고 [제출]을 클릭하면 계정이 활성화됩니다.

05 다시 [동영상 세부정보] 메뉴로 되돌아와서 [미리보기 이미지 업로드]를 클릭하세요. [열기] 대화상자가 열리면 섬네일로 등록할 이미지를 선택하고 [열기]를 클릭하여 미리보기 이미지 등록을 완료합니다.

3 재생 목록

재생 목록을 만들어 영상을 카테고리별로 관리할 수 있어요. 또한 내 채널의 콘텐츠뿐만 아니라 다른 채널의 영상도 재생 목록으로 만들 수 있습니다. 필자의 경우에는 '소소출연컨텐츠' 재생 목록을 만들어 필자가 출연한 다른 유튜브 크리에이터의 영상을 넣어놓았어요.

▲ 카테고리별로 동영상 관리하기

4 분석

176쪽에서 다룬 분석은 업로드한 개별 영상에 대한 분석이었다면, 여기에서는 내 채널에 등록한 모든 영상에 대한 분석 결과를 확인해 볼 수 있어요. 총 조회 수와 구독자 수, 내 채널의 추정 수익 및 가장 인기 있는 동영상은 무엇인지 알려줍니다.

5 오디오 보관함

저작권이 있는 음악을 사용했으면 내가 올린 콘텐츠로 수익을 창출할 수 없어요. 하지만 오디오 보관함에서는 저작권 무료 음악을 제공하고 있으므로 장르, 기분, 시간에 따라 다양한 음악과 효과음을 찾을 수 있습니다. 다만 여기서 음악을 다운로드해서 사용했으면 동영상 업로드 설명란에 해당 음악에 대한 정보를 입력해야 해요.

▲ 저작권 무료 음악을 제공하는 오디오 보관함

6 설정

[설정] 메뉴에서는 채널의 이름과 키워드, 국가를 선택할 수 있고 필요에 따라 통화 단위도 결정할 수 있어요. 또한 동영상의 업로드 설정과 커뮤니티 개설 여부도 지정할 수 있답니다.

일반

[일반]에서는 통화를 지정할 수 있으므로 원, 달러, 위안 등 사용자가 원하는 통화 단위를 설정해 보세요. 단 수익은 달러로 지급되기 때문에 달러가 아닌 통화로 변경하면 변경 당시의 기준 환율이 적용되어 예상 금액이 달라질 수 있으므로 '달러'로 선택하기를 권장합니다.

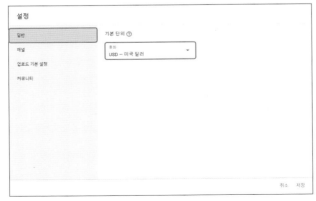

▲ 화폐의 통화 단위 설정하기

채널

[채널]에서는 채널의 이름을 확인하고 다양하게 설정할 수 있어요. [채널]은 [기본 정보], [고급 설정], [기능 사용 자격요건]으로 나뉘어 있는데, 운영 중인 채널의 성격에 따라 키워드를 지정할 수도 있고 수익 창출을 위한 구글 애드센스 계정을 연결할 수도 있어요.

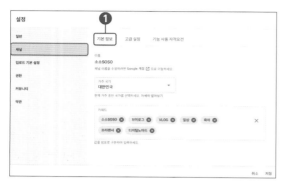

▲ [채널] 탭의 메인 화면

① **기본 정보** : 채널의 성격에 어울리는 키워드를 입력해 주세요. 여러 개의 키워드를 입력할 때는 쉼표로 구분해서 입력하면 됩니다. 여기서는 [채널 맞춤설정]을 클릭해 채널아트를 추가하고 재생 목록과 채널 설명, 예고편 등을 추가할 수도 있어요. 해당 메뉴는 유튜브 메인 화면에서 [내 채널]─[채널 맞춤설정]을 선택해도 됩니다.

② **고급 설정** : 내 채널의 시청자층을 선택할 수 있습니다. 또한 광고 게재를 위한 구글 애드센스 계정에 연결할 수도 있고, 내 채널의 구독자 수를 표시할지의 여부도 선택할 수 있어요.

③ **기능 사용 자격요건** : 유튜브에서 제시하는 요구사항이 충족된 경우 채널을 관리할 때 필요한 다양한 기능들이 활성화됩니다. 전화번호 인증 등을 하면 '맞춤 미리보기 이미지' 섬네일을 내가 지정하거나, 길이가 15분 이 넘는 긴 영상을 올릴 수 있어요.

업로드 기본 설정

[업로드 기본 설정]에서는 영상을 업로드할 때 나만의 템플릿을 만들어 놓으면 매번 영상 제목과 설명을 입력할 필요가 없어요. [고급 설정]에서는 영상의 카테고리와 댓글의 허용과 차단 여부를 선택할 수 있어요.

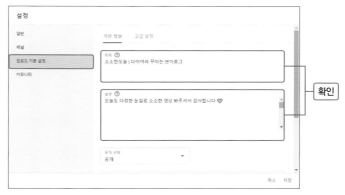

▲ 영상 제목과 설명 입력하기

내 채널은 어디서 꾸밀 수 있나요?

유튜브 스튜디오의 [맞춤설정]을 클릭하면 채널아트를 추가하고 재생 목록과 채널 설명, URL 등 기본정보는 물론 영상 위에 보이는
워터마크나 프로필 사진도 설정할 수 있어요. 여기서 내 채널의 성격에 맞는 레이아웃과 정보를 설정해 보세요. 또 '소소'의 선물 보따
리에서 제공하는 채널아트 템플릿으로 자신의 채널을 꾸며보세요.

▲ 채널 맞춤설정 페이지에서 레이아웃과 기본 정보 설정

유튜브로
수익 창출하기

유튜브를 시작한 이유가 꼭 돈이 아니어도 이왕 만든 콘텐츠로 소소한 용돈을 벌 수 있다면 참 좋겠죠? 유튜브 수익은 영상 시청 지속 시간에 따른 조회 수나 구독자 수, 유료 광고의 여부에 따라 수익이 달라집니다. 그래서 똑같이 1만 명의 구독자를 가진 유튜브 크리에이터라고 해도 수익은 천차만별이랍니다. 여기서는 유튜브로 수익을 얻을 수 있는 방법을 알려줄게요.

1 구글 애드센스

구글 애드센스(Google Adsense)는 유튜브를 시작하면 가장 기본적으로 얻는 수익으로, 내 영상에 광고를 게재하는 방법으로 수익을 올릴 수 있어요. 단 유튜브에서 명시한 자격 요건(구독자 1,000명 이상, 지난 12개월 동안 시청 시간 4,000시간(2019년 기준))을 충족해야 수익 창출이 가능해요. 유튜브에서는 알아서 내 영상의 앞이나 뒤, 또는 중간에 광고를 넣어 시청자가 광고 영상을 보면 크리에이터에게 일정 금액의 수익을 지급해 줍니다.

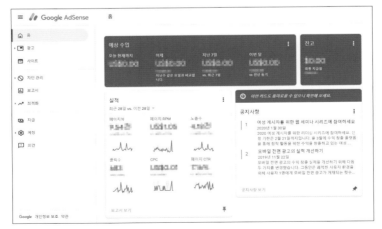

▲ 구글 애드센스 사이트

영상에 광고가 나오도록 설정하려면 구글 애드센스를 연동해야 해요. 연동할 때 구글에서 계정을 인증할 수 있는 인증코드를 우편으로 보내주는데, 최대 몇 개월이 걸리기도 해요. 자격 요건에 해당하지 않아도 미리 신청해 둘 수 있어요. 신청 후 자격 요건을 충족하면 이메일을 보내줍니다.

TIP

유튜브 수익은 월 단위로 수익을 확정한 후 다음 달 15일 전후로 구글 애드센스 수익으로 연동됩니다. 따라서 유튜브에서 10달러 이상의 수익이 생겼다고 바로 인증코드가 발급되지는 않아요.

▲ 수익 창출 조건 달성 전 화면

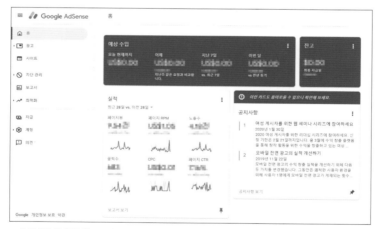

▲ 수익 창출을 위한 최소 조건

2 유료 광고

내가 운영하는 채널이 어느 정도 활성화되었으면 메일이나 전화 등을 통해 특정 브랜드의 광고 제의가 들어올 수도 있어요. 이때 특정 브랜드의 상품을 영상 콘텐츠 안에 녹여내어 소개하면 됩니다. 그러면 구독자 수나 브랜드에 따라 일정 금액의 제작비를 지급받을 수 있어요.

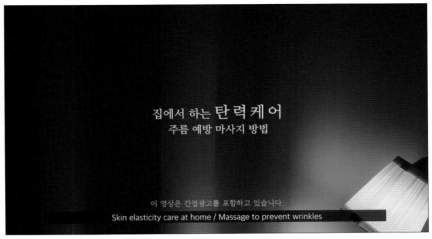

▲ 영상에 포함된 광고의 예(KIMDAX킴닥스채널)

유료 광고 영상을 진행할 경우에는 영상 설명란에 유료 광고(간접 광고에 대한 안
내)임을 밝혀야 해요. 그러므로 'YOUTUBE 스튜디오'의 [동영상] 메뉴에서 영상을
선택하고 [세부정보] – 맨 아래 [자세히 보기]의 [동영상에 간접 광고, 스폰서십,
보증광고와 같은 유료 프로모션이 포함되어 있음]에 꼭 ∨ 표시하세요.

광고 제안이 많이 들어올수록 기쁘겠지만 해당 브랜드가 내 채널 콘셉트와 연관이
있는지, 내 채널을 시청하는 구독자들에게 유용한 내용인지 잘 따져보고 판단하는
것이 중요해요.

▲ 상세 설명에 유료 광고임을 명시한 예(이상커플 채널, 배희 채널)

3 협찬

협찬과 유료 광고의 차이점은 제작비를 받지 않는다는 것이에요. 협찬은 특정 업체로부터 상품만 제공받아 영상에서 소개하는 것으로, 고가 상품부터 여행, 체험 프로그램까지 매우 다양합니다.

▲ 항공권, 숙박, 여행 경비를 모두 지원받아 다녀온 여행 브이로그

체험형 협찬의 경우에는 영상에 대한 반응이 좋으면 제작비를 지원받거나 체험 기회를 추가로 받을 수 있어요. 비록 '상품만' 무료로 제공받아도 질 좋은 콘텐츠로 탄탄히 쌓은 신뢰는 지속적인 인연으로 이어나갈 수 있답니다.

▲ 경비 일체 지원+영상 제작비를 받고 다녀온 여행

꼭 유튜브를 하지 않아도 다른 사람들과 영상을 공유하는 방법은 많아요. 하지만 이왕 열심히 만든 영상을 유튜브 채널을 통해 유튜브가 아니면 만날 수 없는 정말 다양한 사람들과 공감도 하고 이야기도 나누면서 수익까지 올릴 수 있다면 내가 만든 영상이 훨씬 더 뿌듯할 거예요.

Q&A

프리미어 프로 Q&A, 무엇이든지 물어보세요!

자막 / 영상 / 사진 / 소리 / 기타

Premiere Pro

자막 Q&A

프리미어 프로 2018 버전부터 자막을 훨씬 간편하게 사용할 수 있지만, 초보자는 자막을 삽입하고 디자인하는 과정에서 여전히 많은 어려움을 겪고 있어요. 여기서는 자막 작업을 할 때 만나게 되는 문제에 대한 해결책을 알려줄게요.

Q1 분명히 자막 속성 값을 바꾸었는데, 영상에서 보이는 자막에는 반영되지 않아요.

A 방법 ①

[Effect Controls] 패널의 스크롤을 아래쪽으로 드래그하고 'Text( )'의 괄호에 내가 입력한 자막이 제대로 적혀 있는지 확인해 보세요. 만약 'Text' 옆에 괄호가 없다면 나도 모르게 생긴 빈 글자 자막이 선택된 거예요. 이 경우에는 빈 자막 레이어를 삭제하고 내가 다시 입력한 자막을 선택해 보세요. 자막 속성 값은 [Window]-[Essential Graphics] 메뉴를 선택하여 [Essential Graphics] 패널을 열고 레이어별로 작업하면 훨씬 편리해요.

방법 ②

방법 ① 대로 했는데도 자막 속성 값이 바뀌지 않는다면 [Program] 패널에서 영상 속 자막을 더블클릭하거나 세 번 클릭하여 음영을 선택한 후 속성 값을 바꿔주세요. 이때 자막을 세 번 클릭하면 자막 전체가 선택돼요. 이 방법으로 자막의 일부만 선택하여 특정 글자의 속성 값만 바꿔줄 수도 있어요.

Q2 입력한 자막이 □□□로 표시돼요.

A 한글로 입력한 자막에 영문 서체가 적용되어 있을 확률이 매우 높아요. [Program] 패널에서 영상의 자막을 더블클릭해 선택하고 [Effect Controls] 패널의 'Source Text'에서 'Sample'이 아닌 '서체견본'이라고 쓰인 서체를 선택하세요.

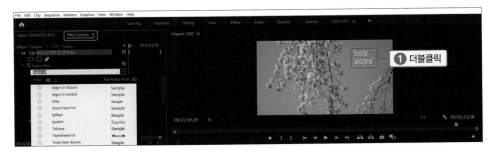

Q3 한글 자막을 입력할 때 곧바로 입력이 안 돼요.

A 원래 프리미어 프로의 한글 인식이 한 박자씩 느려요. 따라서 자막을 입력하자마자 즉시 확인하지 말고 원하는 글자를 모두 입력한 후 → 또는 Spacebar 를 눌러 확인해 보세요.

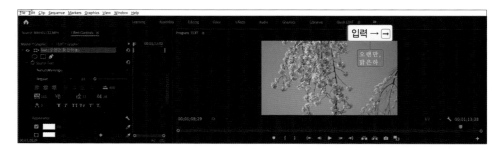

Q4 자막으로 입력한 글자가 잘려서 보여요.

A 영상의 위치를 옮기거나 크기를 조절하려면 [Effect Controls] 패널의 'Motion'에서 작업해야 하는데, 글자가 잘리는 이유는 여기서 생긴 문제일 가능성이 매우 높아요. 'Motion'을 클릭하면 영상 주변에 틀이 나타나는데, 그 틀에 맞춰져 글자가 잘려 보일 거예요. 이 경우에는 'Motion'의 오른쪽에 있는 [새로 고침] 단추(🔄)를 클릭해서 초기화해 주세요. 전체적으로 모두 움직이고 싶다면 [Vector Motion]을 이용하세요. 잘림없이 자유로운 움직임이 가능합니다.

Q5 갑자기 자막이 선택되지 않고 커서도 보이지 않아요.

A 자막 편집 작업을 문제없이 진행하던 중 자막을 선택하면 갑자기 음영이 나타나지 않거나 커서가 보이지 않을 때가 있어요. 이 경우에는 다음과 같은 방법으로 하나씩 체크해 보세요.

▲ 자막에 음영이 지정되지 않은 상태

▲ 자막에 음영이 제대로 지정된 상태

방법 ①

작업 중인 프리미어 프로나 컴퓨터를 껐다가 다시 켜보세요. 이렇게 하면 원래대로 자막이 잘 선택될 수도 있어요.

방법 ②

작업 표시줄이 숨겨져 있으면 숨김을 해제해야 해요. 작업 표시줄을 마우스 오른쪽 단추로 클릭하고 [작업 표시줄 설정]을 선택한 후 '데스크톱 모드에서 작업 표시줄 자동 숨기기'를 [끔]으로 바꿔주세요. 다시 프리미어 프로의 작업 화면으로 되돌아가면 자막을 선택했을 때 음영이 잘 나타날 거예요.

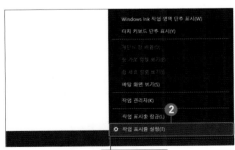
① 오른쪽 클릭

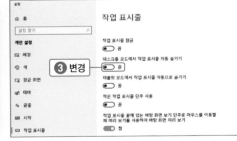

방법 ③

화면의 배율을 바꿔도 자막의 음영이 나타나게 할 수 있어요. 바탕화면을 마우스 오른쪽 단추로 클릭하고 [디스플레이 설정]을 선택하세요. '배율 및 레이아웃'의 '텍스트, 앱 및 기타 항목의 크기 변경'이 [125%] 또는 [150%]로 되어 있으면 [100%]로 조정해 주세요. 이렇게 했을 때 자막의 음영과 커서는 잘 보이지만, 화면의 크기가 너무 작아질 수도 있으므로 이 경우에는 방법 ② 를 추천합니다.

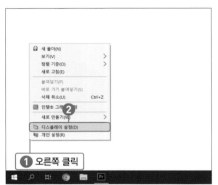

Q6 유튜브 영상에서 자주 보이는 하단 자막을 만들어 보고 싶어요.

A 프리미어 프로 2019 버전부터는 자막 박스를 추가할 수 있는 기능이 생겼어요. 우선 [Tools] 패널의 [Type Tool](T.)을 선택해 [Program] 패널의 영상에 자막을 추가해 보세요. 그런 다음 [Essential Graphics] 패널을 열고 'Appearance'의 [Background]에 ∨ 표시하세요.

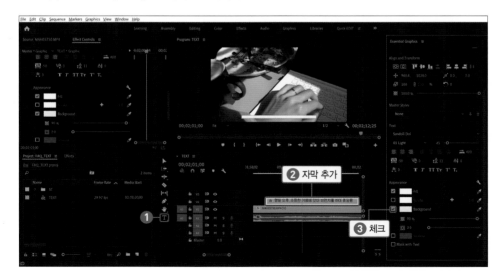

글자 배경색의 초기화 상태가 흰색이어서 보이지 않는다면 사용자의 취향에 맞게 변경해 주세요. 보통 글자는 하얗게, 배경색은 검게 하지만, 반대로 설정해도 괜찮아요.

① 설정

② 확인

평일 오후, 조용한 카페에 앉아 브런치를 하며 휴일을 즐기고 있어요

▲ 하단 자막의 글자와 배경에 색 적용하기

글자와 배경 사이에 여백이 없어 답답하게 느껴진다면 'Background'의 불투명도와 여백 크기(Ctrl Opacity 50%, Size 10)를 조정해 보세요. 단 여백이 글자에 비해 너무 넓으면 촌스러워 보일 수도 있으니 주의하세요. 그리고 영상의 중앙에 하단 자막을 넣을 예정이면 'Text'에서 글자를 가운데 정렬인 'Center Align Text'(▤)를 선택한 후 'Align and Transform'에서도 'Horizontal Center'(▣)를 클릭해 중앙으로 맞춰주세요.

▲ 배경에 따라 달라보이는 자막의 예

Q7 비슷한 스타일의 자막을 반복해서 쓰고 싶어요.

A 하단 자막의 경우 비슷한 스타일이 반복되기 때문에 타임라인에서 복사해서 사용하면 편해요. [Timeline] 패널에서 자막 클립을 선택하고 [Alt]를 누른 상태에서 옆으로 드래그하면 똑같이 복사됩니다. 이 상태에서 [Program] 패널의 자막을 더블클릭해 입력된 글자만 바꾸면 됩니다.

Q8 자막에 이모티콘을 넣고 싶어요.

A 구글(www.google.com)에서 'Search Emojipedia', 'Emoticon', 'Emoji' 등의 키워드를 입력해 원하는 이모티콘의 이미지를 다운로드해 보세요. 'https://emojipedia.org' 사이트를 방문해 이모티콘 이미지를 다운로드해도 좋아요.

프리미어 프로를 실행하고 [Window]-[Essential Graphics] 메뉴를 선택해서 [Essential Graphics] 패널을 엽니다. [Edit] 탭의 [New Layer](▣)를 클릭하고 [FromFile...]을 클릭한 후 [Import] 대화상자가 열리면 다운로드한 이모티콘 파일을 선택하세요. 또는 [Project] 패널로 이미지를 직접 불러온 후 [Essential Graphics]의 'Edit' 레이어 사이로 드래그해도 됩니다.

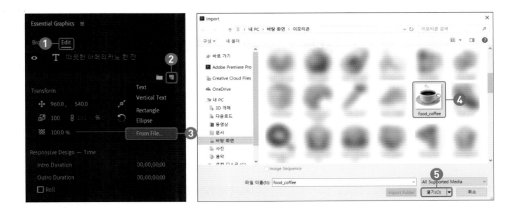

영상에 선택한 이모티콘이 삽입되면 위치와 크기 등을 조절해 자막에 배치해 보세요. [Essential Graphics] 패널의 [Edit] 탭에서 자막과 이모티콘을 하나의 그룹으로 묶어서 관리하면 작업이 더 쉬워집니다.

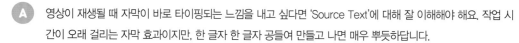

Q9 타자를 입력하는 듯한 자막 효과를 만들고 싶어요.

A 영상이 재생될 때 자막이 바로 타이핑되는 느낌을 내고 싶다면 'Source Text'에 대해 잘 이해해야 해요. 작업 시간이 오래 걸리는 자막 효과이지만, 한 글자 한 글자 공들여 만들고 나면 매우 뿌듯하답니다.

입력한 자막을 선택한 상태에서 [Effect Controls] 패널의 스크롤바를 아래쪽으로 드래그하여 'Text( )'를 찾아보세요. 괄호 안에 내가 입력한 자막이 보이면 잘 선택한 거예요. 이 항목의 속성 값으로 자막을 원하는 위치에, 원하는 디자인으로 꾸며주세요. 자막 디자인을 완성했으면 타이핑 애니메이션을 만들어 볼게요. [Timlines] 패널에서 자막 클립의 중간 부분에 타임 바를 위치하세요.

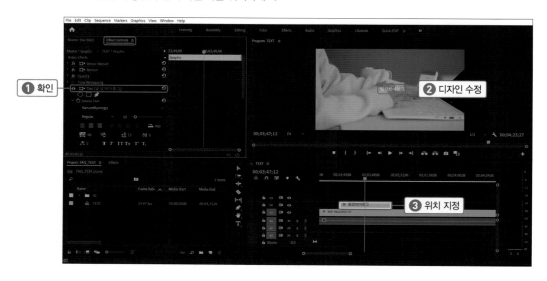

[Effect Controls] 패널에서 'Text( )' 하위 속성인 'Source Text' 옆에 있는 타임워치(🕐)를 클릭하세요. 타임워치가 🕐와 같이 파랗게 되면서 내가 클릭한 시점에 ◆이 나타나는데, 이것은 바로 지금부터 애니메이션을 시작하겠다는 뜻이에요. 지금부터 수정하는 글자들은 수정하는 대로 기억되어 바뀔 겁니다.

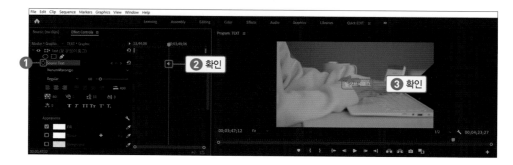

프레임을 이동하기 위해 [Effect Contorls] 패널의 빈 곳을 클릭하고 ←를 두 번 눌러 2프레임 앞으로 이동하세요. 글자를 입력한 상태에서 ←를 누르면 글자 간에 이동되기 때문에 꼭 빈 곳을 클릭해야 해요. 이제 [Program] 패널의 영상에서 자막 글자를 하나씩 지워볼게요. '일상브이로그'라는 글자를 입력했으면 '그'를 지우고 '일상브이로'까지만 남겨주세요.

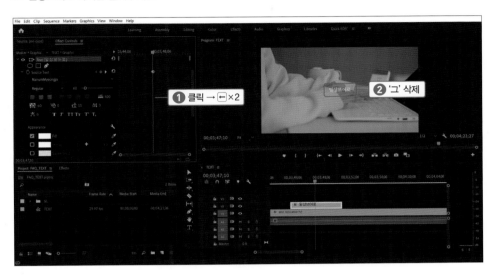

다시 [Effect Contorls] 패널의 빈 곳을 클릭하고 ←를 두 번 눌러 2프레임 앞으로 이동한 후 이번에는 '로'를 지우고 '일상브이'만 남겨주세요. 이와 같은 방법으로 맨 앞 글자까지 지워서 '일상브이로그'가 한 글자씩 입력되는 타이핑 애니메이션을 완성하세요. 작업을 완료했다면 [Play–Stop Toggle](▶)을 클릭해 영상을 재생해 보세요.

지워주는 방식이 아닌 『일』 입력 → 2프레임 뒤로 이동 → 『일상』 입력 → 2프레임 뒤로 이동과 같이 한 글자씩 입력하는 방법도 있지만, 서체를 바꾸거나 글자 색상을 변경할 때 하나씩 다 바꿔줘야 해서 불편할 겁니다. 따라서 미리 자막 디자인을 완성하고 지우면서 작업하는 것을 권장합니다. 또한 프레임 간격을 늘리거나 줄여 속도를 조절할 수도 있고, 한 글자가 아닌 자음 하나, 모음 하나씩 입력해서 타이핑 효과를 더 극대화할 수도 있어요. 아직 타자를 입력하는 듯한 자막 효과 작업이 이해하기 어렵다면 아래의 QR 코드에서 제공하는 영상 강의를 참고해 보세요. 여기서는 효과음까지 넣어 좀 더 생생한 효과를 내는 방법까지 알려줄게요.

◀ 자막 효과 영상 강의 QR 코드

Premiere Pro

영상 Q&A

영상의 경우 어떤 효과를 적용하였는지에 따라 원본과 전혀 다른 영상으로 재탄생시킬 수 있어요. 따라서 여기서는 영상 작업 중 만나게 되는 문제에 대한 해결책보다는 본문에서 미처 다루지 못했던 다양한 영상 편집 효과와 보정 기법에 대해 알려줄게요.

Q1 영상을 빠르게 또는 느리게 재생하거나 속도를 조절하는 방법을 알고 싶어요.

A [Timeline] 패널에서 속도를 변환하려는 영상의 클립을 마우스 오른쪽 단추로 클릭하고 [Speed/Duration]을 선택하세요. 이때 단축키 Ctrl+R를 눌러도 됩니다. [Clip Speed / Duration] 대화상자가 열리면 'Speed'에 원하는 재생 속도를 입력하세요. 숫자가 커질수록 재생 속도는 빨라지고 클립의 길이도 줄어들어요.

만약 속도를 조절하고 싶은 클립이 여러 개이면 해당 클립을 드래그하여 모두 선택하고 Ctrl+R를 눌러 재생 속도를 조절하면 됩니다. [Clip Speed/Duration] 창의 메뉴도 간단히 살펴볼게요.

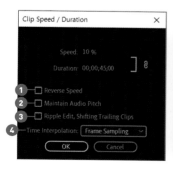

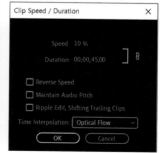

❶ **Reverse Speed** : 영상을 반대로 재생합니다.

❷ **Maintain Audio Pitch** : 영상의 재생 속도를 바꾸면 배경 음악이나 소리도 변경될 수 있어요. 소리가 최대한 원본 형태로 유지될 수 있도록 도와줍니다. 여러 개의 클립을 한꺼번에 선택하면 비활성화되므로 클립을 하나씩 선택한 후 적용해 주세요.

❸ **Ripple Edit, Shifting Trailing Clips** : 빠르게 재생하면 클립 길이가 짧아지고, 재생 속도를 느리게 하면 클립 길이가 길어집니다. 이때 여러 개의 클립이 다닥다닥 붙어있어서 공간이 부족하거나 공간이 남을 경우 뒤의 컷을 자동적으로(알아서) 밀거나 당겨서 조절해 줍니다.

❹ **Time Interpolation** : 원본 영상보다 재생 속도가 느려지면 버벅거리는 현상이 발생할 수 있어요. 따라서 가급적 50% 아래로, 즉 2배 이상 느리게 재생하지 않는 게 좋아요. 이 항목을 선택하면 영상을 느리게 재생할 때 버벅거리는 현상을 최소화시켜 줍니다.

- **Frame Sampling** : 원본 그대로 뚝뚝 끊겨 보여요.
- **Frame Blending** : 잔상이 남는 듯한 느낌으로, 프레임과 프레임 사이에 한 장의 이미지를 끼워 넣어 훨씬 부드럽게 보이도록 합니다.
- **Optical Flow** : 프레임과 프레임 사이에 가상의 이미지를 만들어 끊겨 보이지 않도록 합니다.

Q2 일출이나 일몰을 빠르게 돌리는 영상은 어떻게 만드는지 알고 싶어요.

A 일출이나 일몰, 씨앗이 자라서 꽃이 되거나 구름이 빠르게 흘러가는 영상에 사용된 기법을 '타임랩스(time-lapse)'라고 해요. 기본 영상의 경우 약 0.03초마다 촬영해서 1초에 30장의 이미지를 보여준다면, 타임랩스 영상은 3초마다 1장을 저장한 후 30장을 모아 1초로 만들기 때문에 재생 속도가 굉장히 빨라집니다. 10초마다 1장씩 또는 30초마다 1장씩과 같이 일정한 간격으로 '사진'을 찍어 영상으로 연결하기 때문에 1시간을 촬영해도 단 몇십 초 만에 영상을 압축해서 보여주기 때문이에요.

요즘 출시되는 스마트폰의 카메라 앱에는 타임랩스 기능이 기본으로 내장되어 있으므로 해당 기능을 활용하여 촬영하면 됩니다. 삼각대를 세워놓고 일출이나 일몰 시간 동안 쭉 촬영하면 타임랩스로 자동 저장되죠. 물론 일반 속도로 촬영한 후 202쪽에서 배운 'Speed/Duration' 기능으로 재생 속도를 빠르게 만들어도 됩니다. 하지만 처음부터 타임랩스 기능을 활용해서 촬영해야 카메라 발열이나 배터리 방전, 메모리 부족 등의 문제와 오류를 최소화할 수 있기 때문에 이 방법을 더욱 추천합니다.

Q3 영상에 모자이크 효과를 적용하고 싶어요.

A 촬영한 영상 중 초상권을 침해할 만한 요소가 있거나 개인 정보 등의 신상 유출에 민감한 부분이 있다면 뭉개어 보이도록 모자이크 처리를 해야 합니다. 이때 Gaussian Blur 효과를 적용하면 됩니다.

모자이크로 처리해야 하는 영상을 선택하고 [Effects] 패널의 폴더 중에서 [Video Effects]-[Blur&Sharpen]-[Gaussian Blur]를 선택하세요. 검색 창에 Gaussian Blur 효과를 직접 입력해서 찾아도 됩니다.

클릭

'Gaussian Blur'를 [Timeline] 패널의 모자이크 처리할 영상 클립으로 드래그하여 효과를 적용해 주세요. 이미 영상을 선택한 상태이면 'Gaussian Blur'를 더블클릭해도 됩니다.

드래그

아직 아무런 변화가 나타나지 않죠? 'Blur' 값을 지정해야 비로소 원하는 효과를 얻을 수 있어요. [Effect Controls] 패널의 스크롤바를 아래쪽으로 드래그해 'Gaussian Blur'를 찾고 하위 항목 중 'Blurriness'의 기본 값인 '0.0'을 '10'이나 '20'으로 바꿔보세요. 숫자가 커질수록 영상이 많이 뭉개집니다. 초상권 때문에 너무 큰 숫자를 입력하면 영상이 어색해 보일 수 있으니 적당히 가려질 정도로만 사용하세요.

입력

이제 나머지 속성 값에 대해서도 설명할게요.

❶ **Blur Dimensions** : 블러 처리 방향(가로, 세로)을 선택할 수 있어요.

❷ **Repeat Edge Pixels** : 블러 처리한 영상의 가장자리가 뭉개지지 않도록 깔끔하게 처리해 줘요.

영상의 일부분만 안 보이게 처리하려면 [Effect Controls] 패널의 'Gaussian Blur'에서 원하는 모양을 클릭하세요. 그러면 바로 밑에 'Mask(1)'이 생성되고 [Program] 패널의 영상에 파란색 틀이 나타나는데, 이게 바로 마스크예요. 틀 안에만 블러 효과가 적용되며, 틀 중심을 잡고 위치를 이동하거나 를 클릭해 크기를 조절해 보세요. 이렇게 하면 여러 개의 마스크를 만들 수도 있어요.

블러 필터 값 조절

Q4 여러 개의 영상 클립의 색을 한꺼번에 보정하거나 같은 효과를 적용할 수 있나요?

A 영상 편집을 할 때 컷마다 각각 효과를 적용하려면 시간도 오래 걸리고 굉장히 힘들어요. 이때 120쪽에서 설명한 것처럼 Adjustment Layer를 사용해서 한꺼번에 색을 보정해도 되고 Ctrl+C & Ctrl+V를 이용해 효과를 복사 & 붙여넣기해도 됩니다.

효과를 적용할 영상을 선택하고 [Effect Controls] 패널에서 속성 값을 수정하세요. 그리고 해당 항목을 클릭한 후 Ctrl+C를 누르거나 마우스 오른쪽 단추로 클릭하고 [Copy]를 선택하세요. 만약 영상의 크기나 위치를 조절했다면 'Motion'을 선택하고 Ctrl+C를 누르면 됩니다.

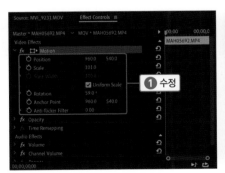

[Timeline] 패널에서 동일한 효과를 주고 싶은 영상 클립을 선택하고 Ctrl+V를 클릭하면 복사한 효과가 똑같이 적용됩니다. 또한 Shift를 눌러 여러 개의 클립을 한꺼번에 선택한 후 Ctrl+V를 눌러 동시에 같은 효과를 적용할 수도 있어요.

사진 Q&A

영상 편집 과정 중에도 사진을 삽입해서 작업하는 경우가 종종 생길 거예요. 따라서 여기서는 사진 파일을 영상 비율에 맞춰 이미지 손상 없이 불러오는 방법부터 내가 직접 만든 손글씨나 손그림을 적용하는 방법까지 알려줄게요.

Q1 영상 위에 사진을 올렸는데, 원본 사진과 다르게 잘려 보여요.

A 사진의 경우 영상보다 크게 촬영되기 때문에 영상 클립 위에 사진을 배치하면 잘려 보이므로 시퀀스에 맞춰 사진 크기를 줄여야 합니다. 먼저 [Project] 패널에서 사진 파일의 아이콘(🖼)을 더블클릭해 [Source] 패널에서 이미지 원본을 확인해 보세요. 이제 이미지를 [Timeline] 패널로 드래그하면 아래의 그림처럼 잘려 보입니다.

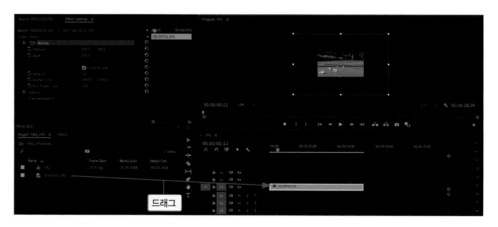

[Timeline] 패널에서 사진 클립을 선택한 상태에서 [Effect Controls] 패널의 'Motion'에서 'Scale' 속성 값을 줄이면 사진 원본 크기와 비슷해집니다.

가장 기본적인 방법은 위와 같지만 좀 더 간편한 방법이 있어요. [Timeline] 패널에서 크기를 조절하고 싶은 사진이나 영상을 마우스 오른쪽 단추로 클릭한 후 [Set to Frame Size]를 선택하면 한 번의 클릭만으로 시퀀스에 맞춰 사진 크기가 조절됩니다.

Q2 프리미어 프로로 사진을 불러왔는데, 한 장이 아닌 여러 장의 사진이 가져와졌어요.

A 사진 파일을 프리미어 프로로 불러올 때 사진 파일명이 '사진명01', '사진명02', '사진명03'과 같은 순서로 저장되어 있으면 이미지를 비디오 형식으로 생각해 비슷한 파일명을 한꺼번에 불러옵니다. 따라서 [Import] 대화상자의 아래쪽에 위치한 [Image Sequence]의 ∨ 표시를 해제하고 [열기]를 클릭하세요.

[Image Sequence]는 전문적으로 제작한 시퀀스 형식의 이미지 파일을 불러올 때 사용하는 메뉴로, 일반적인 영상 편집을 할 때는 거의 사용하지 않아요. 따라서 비슷한 파일명의 사진들이 함께 불러와지지 않도록 꼭 체크 표시를 해제하세요.

Q3 사진과 같은 이미지 파일이 위에서 아래로 내려가는 것처럼 보이게 하고 싶어요.

A 'Toggle Animation Key' 효과를 이용하면 사진 파일에도 애니메이션을 적용할 수 있어요. 사진이 점점 커지거나 옆으로 흐르는 듯한 움직임을 줄 수 있죠. 이것은 영상이나 이미지뿐만 아니라 자막에도 적용할 수 있어요. 우선 애니메이션 효과를 적용할 사진 클립이 선택되어 있는지, 해당 자리에 타임 바가 위치해 있는지 확인하세요. [Effect Controls] 패널의 'Motion'에서 'Position'의 왼쪽에 있는 스톱워치 모양의 [Toggle animation] 단추(◎)를 클릭하세요. 이때 ◀ 모양이 생성되었다면 애니메이션을 시작할 준비가 된 거예요.

프레임을 이동하기 위해 [Effect Controls] 패널의 빈 곳을 클릭하고 →를 여러 번 눌러 프레임 뒤로 옮겨주세요. 시간은 마음대로 지정해도 좋아요. 사진을 위에서 아래로 이동하려면 [Effect Controls] 패널의 'Position'에서 Y 축 값을 조정해야 하는데, 여기에서는 Y축 값을 '800'으로 바꿔보세요. [Program] 패널의 사진이 약간 아래쪽으로 내려간 것처럼 보이죠? 그리고 [Effect Controls] 패널에는 ◆ 모양이 생성되었는데, 이동하려는 방향에 따라 속성 값을 임의로 지정해 보세요.

[Effect Controls] 패널의 속성 값이 바뀔 때마다 ◆이 생성되는데, 이것을 '키프레임'이라고 불러요. 따라서 키프레임과 키프레임 사이의 값을 계산해 위에서 아래로 움직이는 사진 애니메이션이 실행됩니다. 단 속성 값이 변할 때마다 ◆이 생성되기 때문에 애니메이션 속성 값을 수정할 때는 움직임이 필요한 시간만큼 타임 바를 정확하게 이동한 후 수정해 주세요.

Q4 손글씨 또는 손그림을 영상 속에 직접 그려넣고 싶어요.

A 포토샵이나 일러스트레이터 같은 프로그램을 사용하면 그림을 그려 PNG 파일이나 프로젝트 파일로 변환해서 손쉽게 영상으로 제작할 수 있어요. 하지만 이러한 프로그램을 사용하지 않아도 프리미어 프로에서도 직접 그린 그림을 넣어 영상을 만들 수 있어요.

굵기가 네임펜 정도 되는 펜으로 깨끗한 하얀 종이에 그리고 싶은 그림이나 손글씨를 써 주세요. 그런 다음 카메라로 찍어 주는데, 최대한 그림자가 생기지 않게 90도 위에서 찍거나 종이를 벽에 붙여놓고 촬영해 주세요.

촬영한 사진을 프리미어 프로로 불러온 후 [Timeline] 패널로 드래그하여 글씨나 그림을 넣고 싶은 영상 위로 올려주세요. [Effects] 패널의 검색 창에 『Crop』을 입력해 크롭 효과로 글씨와 그림을 제외한 필요 없는 부분을 지워주세요.

[Effect Controls] 패널의 'Opacity'에서 'Blend Model'을 [Darken]으로 변경하면 배경의 흰색 부분이 뻥 뚫린 것처럼 보입니다. 이때 검은색 글씨와 배경인 흰색의 대비가 명확하다면 글씨가 더욱 잘 보이겠죠? 다시 [Effects] 패널에서 'Luma Curve'를 찾아 곡선 효과를 이용해 어두운 부분은 더욱 어둡게, 밝은 부분은 더욱 밝게해서 대비를 명확하게 보정해 주세요.

만약 검은색 글씨의 가독성이 떨어진다면 다시 'Luma Curve' 효과로 어두운 부분을 밝게, 밝은 부분을 어둡게 조정해 보세요. [Effect Controls] 패널의 'Invert' 메뉴도 기능이 같아요.

다시 [Effect Controls] 패널의 'Opacity'에서 'Blend Model'을 [Screen]으로 바꿔 어두운 부분이 투명해지고 밝은 부분만 남겨보세요. 그러면 내가 그린 그림이나 글씨가 로고처럼 자연스럽게 영상 위에 입혀집니다. 자세한 내용은 QR 코드 영상 강의를 참고하세요.

◀ 손글씨 영상 강의의 QR 코드

Premiere Pro

소리 Q&A

음악은 영상 편집의 중요한 요소 중 하나예요. 영상에 어울리는 음악을 찾아 삽입했다면 문제 없이 잘 재생되도록 만들어 주어야 합니다. 여기서는 배경 음악이나 효과음을 작업할 때 발생할 수 있는 문제에 대한 해결책을 알려줄게요.

Q1 배경으로 삽입한 소리가 들리지 않아요.

A 프리미어 프로 외에 다른 플레이어나 인터넷에서 재생되는 소리부터 잘 들리는지 확인해 보세요. 문제없이 잘 들린다면 프리미어 프로의 설정에 문제가 있을 수 있어요.

[Edit]-[Preferences]-[Audio Hardware] 메뉴를 선택하여 [Preferences] 대화상자를 열고 'Default Output'에 내가 사용하고 있는 스피커의 이름이 제대로 들어가 있는지 확인하세요. 만약 'No Input'이거나 다른 장치의 이름이 있으면 알맞게 바꿔주세요. 마이크를 사용할 때도 마찬가지입니다. 녹음하는 데 정상 작동이 안 되면 이 부분을 꼭 확인해 보세요.

▲ 스피커 선택 화면

▲ 마이크 선택 화면

Q2 **오디오의 볼륨을 조절하고 싶어요.**

A 오디오의 소리 크기를 조절하는 방법은 많지만, 여기에서는 'Audio Gain' 기능을 활용해 볼게요. [Timeline] 패널에서 소리를 줄이거나 크게 하려는 클립을 마우스 오른쪽 단추로 클릭하고 [Audio Gain]을 선택하세요. 단축키 G를 눌러도 됩니다.

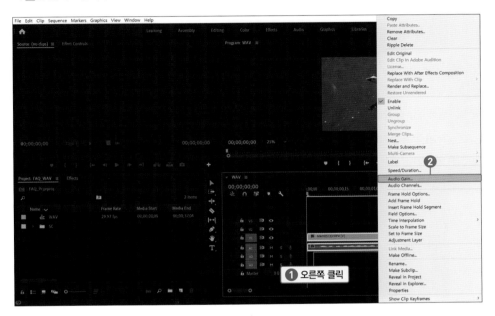

[Audio Gain] 대화상자가 열리면 [Adjust Gain by]가 선택되어 있는데, 현재 소리를 기준으로 10데시벨(dB)만큼 줄이려면 『-10』을, 소리를 키우려면 『10』을 입력하세요. 만약 '10'으로 설정하고 [OK]를 클릭한 후 다시 [Audio Gain] 대화상자에서 열었을 때 '0'으로 되어 있어도 이미 10만큼 소리가 커진 상태예요. 여기에 '10'을 또 입력하면 10dB(데시벨)이 아닌 20dB만큼 커지므로 주의하세요.

하나의 클립 안에서도 일정 부분만 소리를 크게 또는 작게 하고 싶으면 해당 부분을 잘라서 조정하면 됩니다. 개인 정보가 들어간 멘트나 알리고 싶지 않은 정보는 클립을 잘라 소리를 줄여주면 되겠죠?

Q3 목소리 내레이션을 녹음하고 싶어요.

A 프리미어 프로의 [Timeline] 패널에서 녹음할 트랙의 마이크 단추(🎤)를 클릭하면 3초 정도 시간이 흐른 후 타임 바가 움직이는데, 이때부터 자신의 목소리를 녹음할 수 있어요. 만약 마이크 단추(🎤)가 활성화되어 있지 않다면 210쪽을 참고해 컴퓨터에 연결한 마이크가 'Audio Hardware'에 제대로 선택되어 있는지 확인해 보세요.

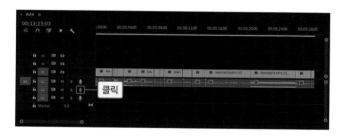

이어폰을 끼고 녹음(recording)할 경우에는 녹음되는 즉시 녹음한 내용이 재생되면서 녹음한 음성이 이어서 들려요. 이 경우에는 녹음 작업이 더욱 수월해지고 음질도 깨끗한 편이라 필자의 경우에는 스마트폰을 살 때 주는 번들 이어폰에 붙어 있는 수화용 마이크로 내레이션 작업을 많이 진행하는 편이에요. 만약 영상 소리에 예민한 콘텐츠나 공간 울림이 심한 곳에서 녹음해야 한다면 마이크를 구입하는 것도 좋아요. 녹음이 완료되면 음성은 오디오 파일로 저장되며, 영상이나 음악 클립처럼 자르고 붙이는 편집도 가능해요.

Q4 카메라로 영상을 촬영하고 녹음기로 목소리를 동시 녹음했는데, 영상과 음성의 싱크를 맞출 수 있는 쉬운 방법을 알려주세요.

A 방송에서 슬레이트를 치는 것처럼 박수를 쳐서 편집점을 잡아주는 방법으로 음성을 녹음하면 좋은데, 프리미어 프로에서는 녹음된 두 개의 소리를 비교해서 편집점이 없어도 최대한 알아서 맞춰주는 기능이 있어요. 동시 녹음한 영상과 소리를 드래그하거나 Shift를 눌러 함께 선택한 상태에서 마우스 오른쪽 단추를 클릭하고 [Synchronize]를 선택하세요.

기타 Q&A

Premiere Pro

자막, 영상, 소리 외에도 예상치 못한 프리미어 프로의 잘못된 설정 때문에 영상 편집 작업에 문제가 생길 때가 많아요. 여기서는 많은 사용자들이 자주 범하는 실수 및 오류과 대한 해결책을 알려줄게요. 프리미어 프로 설정 꿀팁도 함께 담겨있으니 꼭 읽어보세요.

Q1 [Timeline] 패널에 영상이나 소리 파일만 불러와져요.

A [Timeline] 패널에서 트랙의 맨 앞부분에 [A1], [V1]이 잘 선택되어 있는지 확인해 보세요. 만약 [V1]만 선택되어 있다면 오디오가 삽입되지 않고, [A1]만 선택되어 있다면 영상이 삽입되지 않을 수 있어요. 따라서 [Project] 패널에서 가져올 영상을 선택한 후 [A1]과 [V1]을 모두 활성화시켜 주세요.

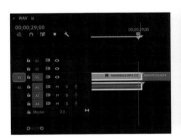 

Q2 편집을 모두 마친 후 익스포트(export)했을 때 영상이 너무 짧게 재생되거나 보이지 않아요.

A 자신도 모르는 사이에 단축키가 눌러서 영상의 In점, Out점을 잡아둔 상태일 거예요. 이 경우에는 다음의 방법으로 In/Out점을 해제해야 합니다. [Timeline] 패널을 선택하고 ⓦ를 누르면 타임라인이 축소되어 편집된 모습을 한눈에 볼 수 있어요. 전체 영상이 출력되지 않고, 짧게 렌더링된 부분에는 음영이 들어가 있고, 파란색 괄호({ })로 영역이 지정되어 있어요. 이것은 내가 설정하지 않았는데도 In/Out점으로 영역이 정해졌기 때문이에요.

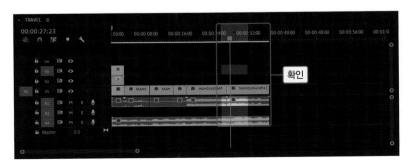

In/Out점을 해제하기 위해 시간을 나타내는 눈금자 부분에 커서를 올려놓고 마우스 오른쪽 단추를 클릭한 후 [Clear In and Out]을 선택하세요. 설정된 영역이 해제되면 다시 익스포트해 보세요. 그러면 편집한 전체 영상이 제대로 출력될 거예요.

Q3 **[Program] 패널에 보이는 영상의 크기가 작아서 답답해 보이는데, 확대해서 보고 싶어요.**

A 자막 작업을 할 때 [Program] 패널에 보이는 영상 크기가 작아서 답답하다면 [Program] 패널의 왼쪽 아래에 있는 [Fit]을 클릭해 배율을 바꿔보세요. [Fit]은 현재 창에 맞는 크기를 의미하는데, [50%]만 선택해도 영상이 크게 확대되어 오른쪽 스크롤바와 아래쪽 스크롤바를 드래그하면서 자막 삽입처럼 디테일한 작업을 할 수 있어요. 단 작업 배율은 사용 중인 모니터에 따라 다르게 보일 수 있어요.

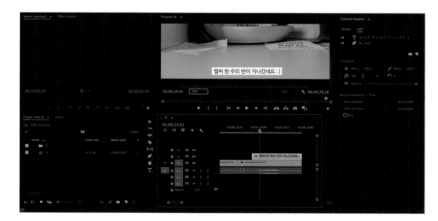

Q4 영상의 재생이 멈췄을 때는 고화질인데, 재생하면 화면이 깨져 보여요.

A [Program] 패널의 오른쪽 아래에 있는 'Full', '1/2', '1/4' 등은 프리뷰 화질을 결정해요. 만약 컴퓨터 사양이 낮은데 너무 높은 화질을 선택하면 영상을 재생할 때 버벅거리는 현상이 발생할 수 있어요.

[Settings](🔧)를 클릭하면 나타나는 메뉴 중에서 [Playback Resolution]은 재생할 때 보이는 영상의 화질을, [Paused Resolution]은 재생하다가 멈췄을 때 보이는 영상 이미지의 화질을 말해요. 따라서 컴퓨터의 사양 및 편집 상황 등에 따라 화질을 선택하여 사용해 보세요.

Q5 노트북에서 작업했던 프로젝트를 파일 손실 없이 데스크톱으로 옮기고 싶어요.

A 프로젝트를 하나의 폴더로 깔끔하게 정리해 두어야 해요. 이 과정을 '백업(backup)'이라고 하는데, 82쪽과 154쪽을 참고해서 프로젝트를 저장하는 습관을 길러주세요.

Q6 프리미어 프로의 새 버전으로 업데이트를 하고 싶어요.

A 프리미어 프로를 정기 결제로 사용할 경우에는 [Help]–[Updates] 메뉴를 선택해 업데이트하세요.

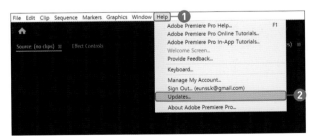

YOUTUBE PREMIERE PRO

Editing Program
기타 영상 편집
프로그램을 소개합니다!

컴퓨터용 영상 편집 프로그램
스마트폰용 영상 편집 앱 프로그램

Premiere Pro

컴퓨터용 영상 편집 프로그램

아직 프리미어 프로처럼 전문가용 프로그램에 익숙하지 않다면, 영상 편집의 재미부터 느껴볼 수 있는 조금 쉬운 편집 프로그램으로 시작해 보세요. 프리미어 프로에 비해 기능적인 부분이 제한적이라 아쉽겠지만, 초보자가 다루기에는 큰 문제가 없을 거예요.

01 뱁믹스(http://www.vapshion.com)

자막 위주의 영상 콘텐츠를 만들고 싶다면 뱁믹스를 사용해 보세요. 컷이 넘어갈 때 약간 지연되어 편집이 불편하긴 해도 다른 무료 편집 프로그램에 비해 완성도 높은 자막을 만들 수 있어요. 예능에서 자주 볼 수 있는 자막 템플릿을 구매해서 영상에 쓸 수 있어요.

결제 방법

무료로 제공하는 자막, 애니메이션, 이모티콘 등을 자유롭게 사용할 수 있으며, 개별 구매부터 평생 이용이 가능한 프리미엄까지 필요에 따라 추가 결제해서 사용하면 됩니다. 그 외에 다양한 기능을 추가적으로 사용 가능합니다.

- **자유이용권 1년** : 330,000원(월 27,500원)
- **자유이용권 영구** : 630,000원(월 52,500원)

▲ 뱁믹스로 할 수 있는 다양한 편집의 예

02 **재믹서(http://www.kimdaxstudio.com/jamixer)**

 재믹서는 유튜브 크리에이터 김닥스가 제작에 참여한 영상 편집 프로그램이에요. 재믹서는 영상 편집에 필요한 화면을 최대한 깔끔하고 간결하게 제공해 단 몇 번의 클릭만으로도 손쉽게 편집을 할 수 있어요. 유튜브 크리에이터가 직접 제작에 참여한 프로그램인만큼 영상 편집에 꼭 필요한 기능만 꽉꽉 담아 초보자도 혼자 쉽게 익힐 수 있어요. 김닥스가 직접 알려주는 영상 강의로 프로그램 사용 방법을 배울 수도 있어요.

2019년 12월 31일 일반인을 대상으로 한 재믹서 서포터즈 활동이 마무리되면서 무료 베타 사용도 종료되었어요. 현재 정식 버전 출시만 앞둔 상황으로 2020년 상반기 중에 프로그램을 구입할 수 있을 거예요. 재믹서는 시중에 판매되고 있는 외국 영상 편집 프로그램보다 훨씬 저렴하다는 장점도 있답니다.

▲ 김닥스가 직접 알려주는 재믹서 영상 강의

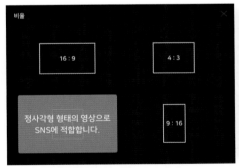 

▲ 재믹서에서 제공하는 영상 비율과 다양한 템플릿의 예

Premiere Pro

스마트폰용 영상 편집 앱 프로그램

스마트폰만 있어도 영상을 자유자재로 편집할 수 있어요. 스마트폰에 기본 내장된 사진 앱도 좋지만, 영상 편집용으로 개발된 앱 프로그램을 사용해 보면 컴퓨터 프로그램 못지않게 다양한 영상 편집 기능이 담겨있다는 사실을 알게 될 거예요. 다만 작은 화면을 오랫동안 보면 눈이 피로해질 수 있으니 조심하세요.

01 VLLO 블로

블로는 세로 버전으로 영상을 편집할 수 있어서 스마트폰에 익숙한 사용자들에게 좋은 앱이에요. 다양한 디자인의 스티커와 자막, 효과음 등을 자유롭게 사용할 수 있으며, 한 번만 결제하면 모든 기능을 평생 무료로 사용할 수 있어요. 또한 컴퓨터에서 작업한 폰트나 배경 음악, 효과음 등을 넣을 수 있는 기능도 있어요.

결제 방법

• 9,900원(한 번 결제로 모든 기능 평생 사용)

▲ 블로로 작업할 수 있는 다양한 영상 편집의 예

이 앱의 장점 중 하나로 반응형 자막이 있어요. 이것은 자막 길이에 따라 길이에 맞게 아래쪽 박스의 길이도 자동으로 조정되며, 중앙 정렬까지 되는 기능을 말해요. 만약 자막이 많은 콘텐츠를 편집 중이라면 블루투스 키보드를 사용해 자막을 입력해 보세요.

02 LumaFusion 루마퓨전

루마퓨전은 아이패드 영상 편집 프로그램으로 잘 알려져 있으며, 사용자가 가로 및 세로 버전을 선택하여 작업할 수 있어요. 또한 컴퓨터용 영상 편집 프로그램만큼 상세한 기능을 제공하는 앱입니다. 하지만 무료 버전은 없고, 아이폰이나 아이패드에서만 사용할 수 있다는 단점이 있어요. 디자인 감각이 있으면서 깔끔한 영상을 만들고 싶은 사용자들에게 추천하는 앱이에요.

결제 방법

- 19.99달러(워터마크 삭제, 프리미엄 에셋, 추가 기능 지원)
- 금액이 부담된다면 할인 시기에 맞춰 구입해 보세요.

▲ 루마퓨전을 사용하여 가로와 세로 버전으로 작업한 예

KineMaster 키네마스터

키네마스터는 스마트폰용 영상 앱 중 가장 인기가 많은 프로그램으로, 가로 버전으로 편집할 수 있어서 프리미어 프로와 가장 비슷합니다. 그리고 손그림이나 이모티콘 등을 편리하게 넣을 수 있고, 무료 버전만으로도 영상 편집이 충분히 가능하다는 장점이 있어요. 하지만 무료 버전의 경우 영상마다 키네마스터 로고가 워터마크로 표시되어 완성도가 좀 떨어져 보이기도 해요.

무료 버전을 사용해 보면서 키네마스터 프로그램에 익숙해졌다면, 유료 결제를 해서 사용하는 것을 추천해요. 연 단위 결제를 할 경우에는 월 3,000원 정도로 부담 없는 가격이라 학생들도 많이 사용하고, 다양한 프리미엄 효과까지 추가 결제 없이 모두 해결할 수 있어요.

결제 방법

- **연 결제 :** 36,000원(월 3,000원 정도)
- **월 결제 :** 월 6,000원

▲ 키네마스터의 인터페이스와 다양한 효과의 예

📖 찾아보기

채널 아이콘 • 164
채널 이름 • 165
체험판 • 54
촬영 • 30~31, 36, 64
촬영 습관 • 79
최종 화면 • 174

[ㅋ~ㅎ]

카메라 • 36, 40, 45
카메라 외장 마이크 • 42
컴퓨터 최소 사양 • 50~51
콘덴서 마이크 • 42
콘솔 • 61
클립 • 38
키네마스터 • 222
타임라인 • 83, 85
타자 자막 • 200
파일 모으기 • 67
파일 불러오기 • 76, 77
파일 삭제 • 66
파일 형식 정리 • 152
편집 • 30, 64
편집기 • 176
폴더 정리 • 149
프로젝트 • 68, 103, 154
프리미어 프로 • 48
프리미어 프로 CC • 54
프리미어 프로 구독료 • 49
프리미어 프로 업데이트 • 57
핀 마이크 • 42

하단 자막 • 196
협찬 • 188
화면 구성 • 71
화면 비율 • 79
화면 전환 효과 • 123~124
효과음 • 140

영문

[Adjustment Layer] 패널 • 120
Adobe • 53
ASMR • 41
A1 • 83
DSLR • 36
[Effect Controls] 패널 • 91, 94
[Essential Graphics] 패널 • 127, 128
Google Adsense • 185
KineMaster • 222
LumaFusion • 221
[Lumetri Color] 패널 • 115~117
Mask • 144
No Copyright Music • 134
Premiere Pro • 48
[Project] 패널 • 76
REC • 36
Royalty Free Music • 134
Stop motion • 106
Time Bar • 84
VLLO • 220
VLOG • 22
V1 트랙 • 83, 85
YOUTUBE 스튜디오 • 169

단축키

[일반]

－ • 107
~ • 107
＋ • 107
A • 107
C • 108
Q • 108
R • 111
V • 108
W • 108

Alt

Alt • 110
Alt + Backspace • 108
Alt + 드래그 • 110

Ctrl

Ctrl + O • 82
Ctrl + S • 82
Ctrl + Shift + V • 109
Ctrl + Shift + W • 82
Ctrl + Z • 109
Ctrl + 드래그 • 109

Shift

Shift • 109
Shift + I • 86